JN440584

서울대학교 불어문화권연구총서 1

L’AFRIQUE

Hélène d’Almeida-Topor

아프리카
: 열일곱 개의 편견

엘렌 달메다 토포르 지음

이규현 · 심재중 옮김

한울
아카데미

이 도서의 국립중앙도서관 출판시도서목록(CIP)은 e-CIP 홈페이지(http://www.nl.go.kr/ecip)에서 이용하실 수 있습니다.(CIP제어번호: CIP2010000208)

L'Afrique

Hélène d'Almeida-Topor

Histoire & Civilisations

Le Cavalier Bleu
EDITIONS

옮긴이 서문

이 책은 서울대학교 인문대학 불어문화권연구소가 기획하는 지역연구 총서의 첫 번째 책이다. 불어문화권연구소에서는 아프리카, 퀘벡, 카리브 지역 등을 포괄하는 프랑스어권 전체의 문화를 연구 대상으로 하지만, 몇 년 전부터는 특별히 프랑스어권 아프리카 지역 연구에 많은 노력을 기울여왔다. 프랑스어권 아프리카는 크게 보아 대서양 연안을 중심으로 한 중서부 아프리카, 북아프리카 지중해 연안의 마그레브 지역, 인도양의 마다가스카르 등을 포괄하는 드넓은 지역으로, 아프리카의 거의 절반에 가까운 면적을 차지하고 있다. 과거의 식민지배 경험과 여러 가지 현실적 필요성 때문에 프랑스의 프랑스어권 아프리카에 대한 연구는 아주 활발한 편이다.

최근에 와서 국제정치적 역학관계, 특히 부존자원을 둘러싼 경제외교 측면에서 아프리카가 전 세계적인 관심사로 부각되어 우리나라에서도 아프리카에 대한 국가적 관심이 높아지고 있는 것이 사실이다. 그러나 국내의 아프리카 연구는 아직 초보적인 단계에 머물러 있고, 그것도 주로 정치경제적 분야에 치중되어 있는 형편이다. 특히 프랑스어권은 영어권에 비해 더욱더 연구의 사각지대에 놓여 있다. 그런데 서로 다른 역사적 경험과 문화에 대한 이해를 바탕으로 하는 지역 간의 진정한 교류와 협력에 주춧돌을 놓기 위해서는 인문학적인 관점의 지역연구가 꼭 필요하고, 그런 연구의 결과를 대중화하는 작업 또한 필수적이다.

아프리카는 전 세계 육지 면적의 20%를 차지하는 땅에 총 53개 국가가 있고 10억에 가까운 인구가 살고 있는 드넓은 대륙이다. 그러나 규모에 비해 아프리카 대륙의 인류사적 위상은 상대적으로 아주 미미하다. 아프리카가 인류의 보편 역사(물론 서구 중심의 역사이긴 하지만) 속에 본격적으로 등장하기 시작한 것은 흑인노예무역을 통해서였고, 수 세기에 걸친 노예무역이 종식된 후에는 거의 모든 아프리카 지역이 서구 열강의 식민지배를 받았다. 20세기 중반에 대부분의 나라가 독립해 주권을 되찾긴 했지만, 여전히 노예제와 식민지배의 역사에서 비롯된 갖가지 모순과 갈등에서 자유롭지 못하다. 그래서 우리의 인식 속에서도 아프리카는 빈곤과 기아와 질병의 대륙이고, 저개발과 독재와 종족 분규로 혼란스러운 대륙이다.

사실 어떤 관점에서 보더라도 아프리카 대륙은 '문제투성이' 대륙이라고 할 만하다. 그러나 오늘날 세계사의 흐름(그것을 '세계화'라고 지칭하든 혹은 또 다른 용어로 지칭하든) 속에서 아프리카 대륙의 문제는 결코 아프리카 대륙만의 문제로 남아 있을 수 없다. 물론 가장 직접적으로 그 '문제' 때문에 골머리를 앓고 있는 지역은 역사적으로 그 문제에 상당한 책임이 있는 '서구'임에 틀림없다. 구식민지 출신 이주민 공동체의 사회문화적 · 정치경제적 통합과 갈등이라는 문제로 시끄러운 프랑스 같은 나라가 그 대표적인 경우이다. 몇 년 전 프랑스의 니콜라 사르코지 대통령은 국가원수로서의 첫 해외방문지로 세네갈을 찾았는데, 세네갈 젊은이들을 대상으로 행한 연설에서 "아프리카인들은 인류의 역사 속에 충분히 진입하지 못했다"라는 요지의 발언을 해 큰 논란을 불러일으킨 바 있다. 또한 최근에는 프랑스의 '민족정체성 재정립'을 국가적 토론의 핵심 의제로 제안해 논란의 불씨가 되고 있는데, 프랑스에 거주하는 아프리카계 이주민 공동체에 대한 '통합/배제' 전략이 그러한 제안의 바탕에 깔려 있다는 것은 잘 알려진 사실이다.

결국 오늘날의 세계는 전 지구적 차원에서 지역과 국가 상호간의 관계를 새로이 정립하고, 특정 지역의 문제도 지구적인 관점에서 공동으로 해결할 필요성에 직면해 있다고 할 만하다. 그런데 그러한 요구에 부응하기 위해서는, 특히 아프리카 지역 같은 경우에는 노예제와 식민지배의 역사를 통해 서구인들이 만들어낸 아프리카와 아프리카인들에 대한 편견과 고정관념(프랑스 대통령 니콜라 사르코지의 것이기도 하고, 결국 우리의 것이기도 한)에 대한 비판과 검증 작업이 우선적으로 필요하다. 『아프리카: 열일곱 개의 편견』이 그러한 작업의 시작이 될 것이다.

책의 1부와 2부는 심재중이, 3부와 4부는 이규현이 번역했다. 물론 서로의 번역 원고를 바꾸어 읽으면서 용어와 표현을 통일하는 작업을 거쳤다. 그리고 인명과 저서명 뒤에는 되도록 프랑스어 표기를 적어 필요한 경우에 참고할 수 있도록 했다.

지은이 서문

1999~2000년도 학기에 프랑스 사부아 지방의 한 교사가 자기가 가르치는 유치원 아이들에게 '아프리카적인 분위기'를 연출해보게 했다. 지붕 위에 털북숭이 원숭이가 웅크리고 앉아 있는 '오두막', 모형 시골 마을, 벽에 걸린 가면 그림과 동물 그림, 옷걸이에 걸린 열대지방 모자에 더해 검은색 판지를 오려 만든 얼굴에는 동그란 눈이 있고 알몸에 목걸이와 허리옷을 두른 한 무리의 아이들 모습이 그려졌다.

교사는 아이들의 시야를 넓혀줄 요량이었지만, 결국 그가 아이들에게 보여준 아프리카인들의 이미지는 어떤 것이었는가? 거의 20여 년 전부터 아프리카의 많은 나라들에서는 도시에 거주하는 사람들이 오히려 더 많아졌는데, 그 교사는 시골에 사는 아프리카인들의 모습만 아이들에게 보여준 것이다. 현실 속의 아프리카 아이들은 대개가 청바지에 농구화 차림이고 노천 교실에서 수업을 받는 시골에서도 학교에 갈 때는 제복(반바지나 치마에 반팔 상의)을 입는데, 그가 보여준 아이들은 판박이 같은 모습에 반쯤 알몸으로 생활하는 아이들뿐이었다.

같은 수업에서 교사는 아프리카 동화들을 아이들에게 들려준 뒤 아이들마다 각자 이야기를 하나씩 지어내게 했고, 그 이야기들을 모아 책으로 묶어냈다고 한다. 그런데 그 책의 제목이 『백인 꼬마들이 지어낸 흑인들의 전설Légendes noires de petits Blancs』이었다니! 단순히 재미 삼아 그런 대조적인 표현을 쓴 것이겠지만, 그리고 '흑인들의 전설'이라는 표현의 중의적인 의미는 대수롭지 않게 여긴 것이겠지만, 어쨌든 그 교사는 그 대조적인 표현을 통해 피부색에 기초한 대립 하나를 공표한 셈이다. 지리와 문화를 가르칠 목적을 띤 그러한 시도가 어린아이들의 마음속에 '인종' 간의 단절을 생겨나게 했다면?

마르틴 무쟁Martine Mougin의 박사학위논문에서 빌려온 이 사례는 아프리카에 관한 다양한 고정관념 중 몇 가지를 잘 보여준다. 그중에서도 가장 강력한 고정관념은 아프리카 대륙과 아프리카 주민들에 대한 포괄적 관점과 이미지이다. 아프리카인들은 모두 똑같은 방식으로 생활하고 행동하고 생각한다는 식이다. 그러한 고정관념에서 일반화에 근거한 판박이 표현들이 생겨나는데, 우리가 네 묶음으로 분류한 상투적 표현들(아프리카인들의 행동, 식민지배의 영향, 아프리카 대륙의 현재적 난관, 아프리카의 세계적 위상에 관한 고정관념들)도 예외는 아니다. 피부색에 관한 편견들 속에는 흔히 경멸적인 뉘앙스의 성급한 판단들이 들어 있다. 직접적으로는 언급되지 않는다 하더라도, 대다수의 프랑스인에게 심리적인 잣대는 여전히 피부색의 차이를 정당화하는 데 결정적인 역할을 한다. 그러나 이미 사반세기 전에 과학적인 연구들은 인종적 구분의 무의미함을 증명했다. 장 베르나르Jean Bernard 교수에 의하면, 플러스 O형의 혈액형을 지닌 백인과 흑인은 서로 다른 혈액형을 지닌 백인 두 사람이나 흑인 두 사람보다 더 강한 근친성을 보인다.

그런 판박이 표현을 쓰는 사람들은 인종차별주의자들인가, 무지한 사람들인가, 지적인 나태함에 빠진 사람들인가? 어쨌든 아프리카와 아프리카인들에 관한 고정관념들은 참으로 끈질기게 이어진다. 발생 조건을 분석하고, 전파 경로를 밝히고, 근거를 반박하는 것이 사람들의 사고방식 전환에 기여할 수 있을까?

차례

질곡의 대륙 아프리카

세계의 변방에 있는 대륙?

아프리카

'아프리카'라는 명칭의 기원이나 어원은 확실하지 않다. 로마인들이 처음 사용했지만, 그들이 그 명칭을 만들었다는 증거는 없다. 메제르다 북부(현재의 튀니지)에 정착해 살았던 주민들을 가리키는 이름인 '아프리Afri'에서 비롯되었다는 것이 가장 개연성이 높은 가설이다. '아프리' 사람들은 차례차례 카르타고인들과 로마인들에 의해 세상에 알려졌다. 로마인들은 처음에 '아프리'라는 명칭을 카르타고의 영토를 가리키는 데 사용하다가, 차츰 누미디아와 트리폴리타니아 주변 지방 전체를 포괄하는 명칭으로 사용했다. 그리스인들은 그 지역을 '리비아'라고 불렀는데, 그리스인들이 지중해권의 그 지역을 알게 된 것은 페니키아인들과 이집트인들을 통해서이다. 요컨대 프랑스어의 경우, '아프리카'는 라틴어에서 파생된 단어이다.

오랫동안 유럽인들이 아는 아프리카는 북부에 한정된 아프리카였다. 그러다가 15세기부터 포르투갈인들이 대서양과 인도양 연안을 샅샅이 탐험하기 시작했다. 그 후 점진적으로 내륙이 발견되었고, 대륙 전체가 알려진 것은 19세기 말이다.

드넓은 아프리카 대륙은 여러 개의 지역으로 구분되고, 각각의 지역은 위치에 따라 북아프리카, 서부 아프리카, 동부 아프리카, 중앙아프리카, 남아프리카 등으로 지칭된다. 사하라 사막은 인근의 주민들에게는 장벽이 아니라 내륙에 있는 바다 같은 것이었지만, 사하라 사막을 경계로 북아프리카와 나머지 아프리카 지역 사이에 큰 차이가 있기 때문에 때로 아프리카라는 명칭은 사하라 이남 또는 흑아프리카만을 가리키기도 한다. 마찬가지로 일상 언어에서도 아프리카인이라는 단어는 흑아프리카 주민들, 또는 흑인들을 가리킨다. 이는 흑인들이 흔히 백인과 유럽인을 동일시하는 것과 별반 차이가 없다.

지리적으로 가깝기 때문에 인도양의 섬들도 일반적으로 아프리카에 포함된다. 예컨대 세계은행은 마다가스카르, 코모르, 모리스, 세이셸 군도를 사하라 이남 국가들로 분류한다. 지리적인 명칭이 다문화적인 성격의 지정학적 단위로 바뀐 것이다.

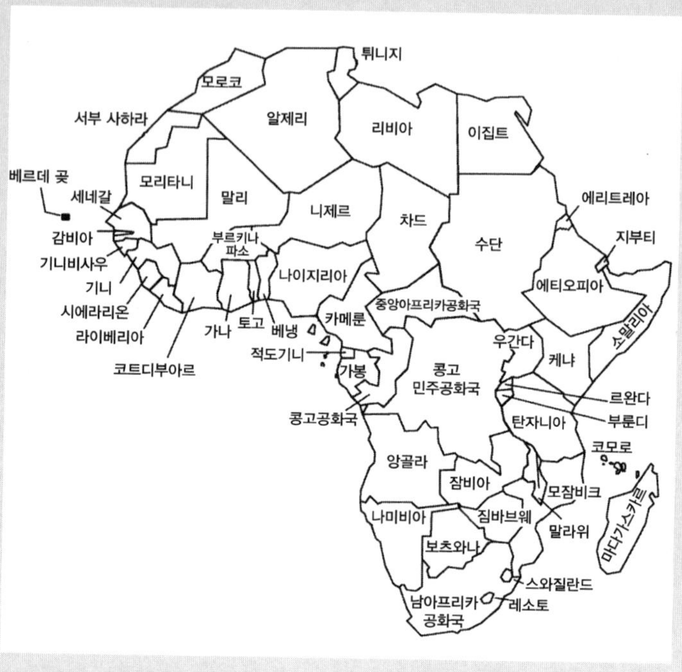
튀니지
모로코
서부 사하라
알제리
리비아
이집트
베르데 곶
모리타니
세네갈
말리
니제르
차드
에리트레아
감비아
부르키나
파소
수단
지부티
기니비사우
나이지리아
기니
에티오피아
시에라리온
중앙아프리카공화국
라이베리아
가나
토고
베냉
카메룬
우간다
소말리아
적도기니
케냐
코트디부아르
가봉
콩고
민주공화국
르완다
콩고공화국
탄자니아
부룬디
코모로
앙골라
잠비아
모잠비크
나미비아
짐바브웨
말라위
마다가스카르
보츠와나
스와질란드
남아프리카
공화국
레소토

21세기 초의 아프리카

신비의 대륙 아프리카

편 견 1 "아프리카는 언제나 이국적인 모험의 땅이었다"

편 견 2 "아프리카인들은 우리와 다른 사람들이다"

편 견 3 "유럽인들이 도래하기 이전의 흑아프리카에는 역사가 없다"

편 견 4 "아프리카는 혼란과 전쟁이 휩쓰는 땅이었다"

편 견 5 "흑아프리카는 종교적 몽매주의에 빠져 있었다"

편견
1

"아프리카는 언제나 이국적인 모험의 땅이었다"

우리는 아프리카를 꿈꾸었다. 지도를 들여다보며 니제르, 수단, 다호메이, 마다가스카르 같은 이름들에 매혹당했고, 아득한 신비의 땅에서 펼쳐질 군사 작전이 젊은이들의 마음에 가해오는 이상한 마력과 주술의 힘에 매혹당했다.

— 폴 비네 독통Paul Vigné d'Octon의 의회 연설(1894년 11월 22일)

아프리카에 대해 느끼는 매혹이 새로운 것은 아니다. 북부 지방은 고대부터 이집트인과 로마인들의 이주를 통해 알려졌지만, 사하라 이남 지방에 대한 유럽인들의 접근은 해안 지역에 국한되어 있었다. 사하라 이남 지방이 체계적으로 알려진 것은 15세기 말부터이다.

지리적 조건 때문에 접근이 어려웠던 대륙의 안쪽은 항상 신비의 땅으로 남아 있었다. 우거진 숲, 맹그로브 숲 뒤의 석호들, 팔레튀비에 나무들이 뒤섞인 식물 군상들 사이로 뭍과 바다가 뒤얽혀 배의 접안이 아주 힘들었다. 하구에서부터 강을 거슬러 올라가는 것도 불가능했다. 해안에서 조금만 가면 짧은 간격으로 계속해서 급류를 만나게 되기 때문이다. 때로는 현지인들이 공포심을 조장하기도 했다. 그들은 유럽인들과의 접촉을 독점하기 위해, 해안 지방 너머에서 맞닥뜨리게 될 온갖 위험들을 그림으로 그려 보여주면서 유럽인들을 그 자리에 주저앉게 만들었다. 근대에 등장한 여행자들의 저작물과 나중에 편집자들이 다시 편집한 저작물들 속의 이상한 그림들은 대부분 아프리카인 자신이 그린 것들이다.

18세기 후반이 되면 계몽 철학자들 특유의 지적 호기심과 상업적 개발에 대한 기대가 어우러져 유럽인들의 대륙 탐험이 촉발되고, 그런 경향은 19세기에 한층 강화된다. 실제의 또는 상상의 위험을 무릅쓰고 탐험을 감행하는 사람들은 영웅으로 여겨졌다. 1788년 런던에서 만들어진 '아프리카 협회'를 기점으로 생겨난 여러 지리학회의 회원들은 탐험가들이 겪은 우여곡절에

열광했다. ≪세계 여행Le tour du monde≫, ≪지상과 해상Sur terre et sur mer≫, ≪여행 저널Le journal des voyages≫ 같은 전문 잡지들이 탐험가들의 모험을 전했다. 그런 잡지들은 많은 유럽인들과 아메리카인들을 사로잡았고, 아프리카는 그 장대한 풍경과 사나운 맹수들, 이상야릇한 풍습을 가진 주민들, 그 밖의 수많은 수수께끼들로 그들을 꿈에 잠기게 만들었다.

나일 강의 수원을 찾아내자! 그것은 오리엔탈리즘이 이집트를 유행시켰던 시기의 가장 중요한 목표 중 하나였다. 스코틀랜드인 제임스 브루스James Bruce는 알제에서 출발해 그 목표를 이루고자 했다. 힘든 여정 끝에 그는 1770년 에티오피아의 수도 공다르에 이르렀지만, 블루 나일의 시작점밖에는 발견하지 못했다. 그 뒤에도 다른 여행자들의 실패가 이어지다가, 마침내 1860년 영국인 존 스피크John Speke와 제임스 그랜트James Grant가 화이트 나일의 시원을 찾아냄으로써 나일 강의 홍수와 관련된 오랜 신화에 종지부를 찍었다.

또 하나의 전설적인 장소인 톰북투는 사하라 남부의 도시이다. 감비아에서 출발해 그곳에 도착하려는 숱한 시도들이 실패로 끝났다. 스코틀랜드 출신 의사였던 먼고 파크Mungo Park의 시도(1795년)도 그중 하나였는데, 어쨌든 그는 그 시도를 통해 니제르 강의 흐름과 관련된 오류의 일부를 바로잡을 수 있었다.

결국 1827년에 프랑스인 르네 카이예René Caillié가 이슬람 순례자로 변장해 통북투 도성 안으로 들어가는 데 성공한다. 니제르강의 경우, 완전한 탐사는 랜더Lander 형제(1830년)와 독일인 하인리히 바르트Heinrich Barth(1850년), 그리고 베이키Baikie 박사(1854년)에 의해 이루어졌다.

적도 남쪽에서는 스코틀랜드 출신의 목사이자 의사였던 데이비드 리빙스턴David Livingstone이 1849년부터 그때까지 미탐험 지역으로 남아 있던 지방의 주민들을 대상으로 선교를 시작했다. 그는 그 공로를 인정받아 유명해졌고, 1866년 그의 실종 소식은 많은 사람들을 슬프게 만들었다. 미국의 신문 ≪뉴욕 헤럴드New York Herald≫는 당시 가장 뛰어난 리포터 중의 한 사람이었던 헨리 스탠리Henry Stanley에게 리빙스턴을 찾는 임무를 맡겼다. 숱한 난관 끝에, 마침내 1871년 탕가니카 호수의 우지지Ujiji에서 두 사람의 상봉이 이루어졌다. "리빙스턴 박사 아니신가요?" 이 말은 나중에 유명해졌다.

19세기 중반까지 탐험가들을 비롯한 많은 사람들이 혼자 외롭게, 열대병에 대한 아무런 대비책도 없이 행동에 뛰어들었다. 1855년 이후에야 키니네 사용이 일반화되면서 말라리아 예방이 가능해졌다. 아프리카 전체에 대한 탐험은 아직 이루어지지 않은 상태였다. 1866년에 잡지 ≪지상과 해상Sur terre et sur mer≫

1875년에 발간된 ≪지상과 해상≫에 실린 아프리카 지도

에 실린 지도에는 아직도 넓은 지역이 미지의 공간으로 남아 있다. 그 10년 뒤에 사하라와 중앙아프리카의 상당 부분이 알려지지만, 미탐사 지역은 여전히 존재했다. 결국 탐험이 완결되는 것은 식민지 정복 — 서두에서 언급한 비네 독통의 연설에도 나오듯이 군사 작전이 수반된 — 과 지배 영토의 확립을 통해서였다. 식민 본국들은 자신들의 영토에 대한 탐사를 철저하게 준비했지만, 그것이 쉽지 않을 때도 있었다.

20세기 초에 아프리카가 완전히 알려진 뒤에도 아프리카에 대한 상상은 끝나지 않는다. 대신 사하라 사막 횡단 철도의 예에서 알 수 있듯이 새로운 모습을 띠기 시작한다. 사하라 사막 횡단 철도는 결실을 맺지 못했지만, 사막의 주술을 찬미하거나 사막 부족들의 잔인성을 고발하기도 하는 공상적인 성격의 글들이 쓰이는 계기가 되었다. 반면에 자기 회사 차들의 튼튼함을 과시할 목적으로 앙드레 시트로앵André Citroën이 기획한 아프리카 횡단 여행은 1922년 알제리의 투구르를 출발해 사하라 사막과 프랑스령의 일부, 벨기에령 콩고, 몇몇 영국령, 포르투갈령 모잠비크를 거쳐 3년 만에 케이프타운에 도착했다. 그 장거리 여행을 묘사한 저작물이 1927년에 발간되었는데, 책의 저자들이 거둔 대단한 기술적技術的 성공 때문에 독자들로서는 그 책이 전하는 숱한 판박이 견해들을 믿을 수밖에 없었다. 말하자면 그

책은 뒤이어 1931년에 파리 식민지박람회에서 화려하게 선보일 지배적인 관념들을 중계해주는 징검다리 역할을 한 셈이다.

1950년대 말부터 아프리카 국가들이 독립한 이후에도 아프리카 대륙이 모험의 땅이라는 생각은 유지되었다. 파리 - 다카르 같은 장거리 자동차 - 오토바이 경주(1979년부터 주요 텔레비전 채널에서 주요 장면들을 보여주기 시작했다)나 여행 기획, 이국적인 분위기를 주로 광고하는 바캉스 클럽들, 동물보호구역의 사진 촬영 여행, '극한 상황을 즐기는 모험가들'의 쾌거가 그 증거들이다. 그런 모험가들 중의 한 사람이고 '프랑스 3' 텔레비전 채널에서 방영된 〈아프리카 트렉Afrika Trek〉의 공동 저자 - 출연자 중의 한 사람이었던 알랭 타이에브Alain Taieb는 2004년 6월 27일 '프랑스 5' 채널의 〈영상 포착Arrêt sur image〉 프로그램에서 다음과 같은 말을 했다. "〔어린 시절〕 우리를 두렵게 만들었던 아프리카, 체체파리와 맹수들의 아프리카는 여전히 존재한다. 20년 전부터 우리는 아프리카에서 군인들의 모습만 봐왔기 때문에 하는 말이다." 그러고는 이렇게 덧붙였다. "제일 어려운 것은 아프리카가 온통 참극의 땅이라는 생각에서 벗어나는 것이었다." 그 20년 동안 텔레비전이 다룬 아프리카 관련 주제의 절반 이상이 사람이 아니라 동물이었다는 사실을 그는 몰랐던 모양이다.

아프리카 대륙에 대한 사람들의 주된 관심은 오로지 그곳이 여행자들에게 낯선 느낌을 준다는 사실에서 비롯되는 것일까?

편견
2

"아프리카인들은 우리와 다른 사람들이다"

정말이지 나는 프랑스의 담벼락마다 붙어 있는 그 바나니아의 미소들을 찢어버리고 싶다.

— 레오폴드 세다르 상고르L. S. Senghor,

『검은 희생 제물Hosties noires』(1948)

그 그림은 우리가 잘 아는 그림이다. 세네갈 원주민 병사가 붉은 술이 달린 챙 없는 아랍 모자를 쓰고, "맛있쪄요, 바나니아(바나나를 원료로 만든 음료 _ 옮긴이 주)"라는 광고 문안 옆에서 허옇게 이를 드러내며 웃고 있는 그림 말이다. 많은 아프리카 사람들이 프랑스 편에 서서 싸워야 했던 1차 세계대전 무렵부터 그 그림은 대중들에게 널리 알려졌고, 그림 속의 원주민 병사는 어수룩한 행동에 조잡한 프랑스어를 구사하는 '착한 아이 같은 흑인'의 전형으로 오랫동안 남게 되었다. 세네갈 원주민 병사들에게 바쳐진 시에서 상고르가 비난하고 있는 것이 바로 바나니아 상품 광고에 사용된 그 피식민지인의 표상이다. 그 광고는 1960년대에 사라졌다가, 2003년에 문제의 음료 회사가 지난 시절에 대한 뭇사람들의 향수를 자극하면서 부활시킨 바 있다. 물론 그 그림이 아프리카인들을 부정적으로 희화하는 결과를 낳을 수도 있다는 사실은 전혀 고려 대상이 되지 않았다. 뒤에 그 광고는 금지되었다.

아프리카인들의 '기이함'을 묘사하는 용어들은 아주 많다. 시간이 흐르면서 약간 변하기는 했지만, 그런 용어들은 19세기에 개발된 인종 간 불평등에 관한 이런저런 이론들의 한 부분이다. 오랫동안 자연 상태에 가까운 것으로 간주되어온 '원시인'은 '착한 야만인'인 동시에 흉포한 존재였고, '진화한' 인간들의 지배를 통해 문명화되어야 할 존재였다. 이런 식의 추론이 역사의 전개 과정, 그리고 인종 개념의 허구성을 증명하는 과학적 발견들에 의해 맹렬하게 공격받았는데도 그중 어떤 요소들은 오늘날까지도 영속하고 있다. 예컨대 대표 단수의 사용, 즉 집단의 부분인 한 요소로 집단 전체를 나타내는 문법 형태의 사용이 바로 그런 경우이다. 식민 시대 훨씬 이전부터 아프리카 대륙과 아프리카 주민들을 지칭하는 데 사용된 그러한 표현 양식은 오늘날에도 여전히 사용되고 있다. 우리는 여전히 '아프리카인', '아프리카 여성', '아프리카의 지혜'라고 단수 형태를 써서 말하는 것이다.

아랍과 유럽의 옛 글들에서는 사하라 이남 아프리카 전역을 가리키는 명칭으로 '흑인들의 고장', '카피르의 고장', '기니' 등의 표현이 사용되곤 했는데, 그런 표현들은 아프리카라는 땅과 그곳에 사는 주민들의 어떤 균질성을 전제하고 있다. 그렇지만 그와 동시에, 때로는 동일한 저작 내에서도 아주 다양한 사람들의 다양한 풍습이 소개되어 이국정취와 기이함, 먼 땅에 창궐하는 야만의 풍속에 대한 독자들의 강한 호기심을 만족시켜주기도 했다. 무엇보다도 많은 저자들은 특정 종족들에게서 발견되는 인육에 대한 기호嗜好를 강조한 바 있다. 식인 풍습은 13세기에 차드 호수 인근 지방을 다룬 이븐 사이드Ibn Sa'id의 글에도 나오고, 한 세기 뒤에 '식인종 흑인들'이 말리의 왕 만사-무사를 방문하는 장면을 묘사한 이븐 바투타Ibn Batuta의 글에도 등장한다. 또한 1714년에 발간된 『이시니 왕국 여행기Relation du voyage au royaume d'Issiny』(이시니 왕국은 현재의 코트디부아르)에서 고드프루아 루아에Godefroy Loyer도 식인 풍습을 언급하고 있다. 그런 언급들은 19세기 후반까지 ≪여행 저널≫ 같은 잡지에 실린 글들에서도 계속 발견된다. 그 글들은 그 전부터 전해오는 이야기들을 경쟁적으로 재탕하거나, 독자들에게 충격을 줄 요량으로 근거 없는 정보를 유포하기도 했다. 그러다가 시대가 바뀌면서, 1931년 식민지박람회 당시 전국자연보호협회 연회에서 폴 모랑Paul Morand이 행한 연설에서도 볼 수 있듯이, 식인 풍습은 암묵적인 표현이나 암시 속으로 숨어들게 되었다. 그 연설에서 폴 모랑은 "식민지박람회의 메뉴에서 인육을 볼 수 없는 것"이 유감이라는 아주 의미심장한 농담을 했다. 그리고 오늘날에 와서는 대참사가 벌어질 때면, 식인 풍습에 대한 풍문이 잠시 떠돌다가 사라지곤 한다. 계속 잠재해 있으면서, 어떤 비극적인 사태 또는 계기가 주어지기만 하면 이내 되살아나는 고정관념처럼 말이다. 예컨대 콩고민주공화국의 현 정부는 2002년에 '반군들'이 피그미 족 주민들을 대상으로 식인 행위를 저질렀다고 비난했는데, 전혀 근거 없는 비난은 아니었던 듯하다. 2004년과 2005년에도 똑같은 비난이 되풀이되었다.

단일성인가 복수성인가, '아프리카인'인가 '아프리카인들'인가? 그런데 다양성을 이루는 요소들이 존재한다는 사실을 인정하는 경우에도 '균질적인 집단'이라는 관념은 바뀌지 않는다. 식민시대에 상호모순되는 테마들이 나란히 전개되었던 것도 그래서이다. 식민지배자들은 '백인종'에 대한 '흑인종'의 열등성이라는 이론가들의 생각을 거의 그대로 받아들였다. 그렇지만 프랑스의 경우로만 한정할 때, 실제의 통치 경험은 아프리카 사회의 다양성이라는 생각을 갖게 만들었다. 어떤 종족들은 다른 종족들에 비해 좀 더 진화했다는 식의 '종족 이론'이 실제의 통치 경험과 맞았던 것이다. 그때부터 대표 단수는 좀 더 정교하게 어떤 장점이나 결점을 지닌 특정 집단을 대상으로 사용되기 시작했다. '이 집단은 호전적이고 저 집단은 평화적이다, 이 집단은 순종적이고 저 집단은 거칠다.' 그러나 여전히 동일 집단의 구성원 간에는 아무런 구별도 이루어지지 않았다.

그런 식의 분류가 옳지 않다는 것은 현지에서 행해진 민족학적 연구나 인류학적 연구들을 통해 일찍이 확인된 바 있다. 그러나 그런 연구들은 하위 집단들(민족, 부족, 혈족 등)을 다루는 경우에도, 연구 대상 공동체를 개인은 전혀 고려의 대상이 되지 않는 하나의 전체로 묘사하곤 했다. 물론 여러 아프리카 사회에는 독특하고 개별적인 반응들이 존재했다. 다만 그것들을 드러내기에 적합한 방식의 접근이 이루어지지 않았던 것이다.

그 맞은편에 있는 피식민자들의 입장에서는, 1924년에 만들어진 '흑인종 수호를 위한 세계연합'의 경우처럼, 통일적 표상의 구축을 통해 문화의 재평가가 이루어졌다. 그리고 그 문학적·

정치적 표현이 1939년에 상고르와 에메 세제르Aimé Césaire가 주창한 '네그리튀드négritude'였다. 아프리카와 안틸 제도의 흑인들에게 고유의 존엄성을 되찾아주기 위한 투쟁의 무기로 고안된 네그리튀드 개념도 '흑인'이라는 대표 단수에 가치를 부여했다. 모든 흑인이 공유한다고 간주되는 일련의 태도를 통해 '흑인'을 포괄하고자 했던(결과적으로는 그 태도들 속에 '흑인'을 가두었던) 것이다. 네그리튀드의 그런 관점은 후일 스타니슬라스 아도트비Stanislas Adotevi(토고 출신의 철학자이자 인류학자 _ 옮긴이 주) 같은 지식인들에 의해 비판을 받았다. 예컨대 아도트비는 상고르의 "백인의 이성은 사용된다는 점에서 분석적이고, 흑인의 이성은 참여한다는 점에서 직관적이다"라는 유명한 문장에 다음과 같이 토를 달았다. "요컨대 흑인은 모든 결정과 무관한, 자신의 역사와 무관한 특별한 종이다"〔『네그리튀드와 네그롤로그Négretude et négrologues』(1972), 44쪽〕.

독립 이후, 정치 지도자들이나 그 반대자들도 여전히 그런 관점을 견지하거나 활용하고 있다. 지식인들이나 예술가들도 마찬가지여서 미디어가 전하는 그들의 담론은 대부분 일반화 담론들이다. 하마두 함파테 바Hamadou Hampâté Ba(말리 출신의 작가이자 민족학자 _ 옮긴이 주)를 '아프리카 문화'의 기수로 소개하는 방송 프로그램 따위가 그 대표적인 사례에 속한다. 자기 자신의 문화적 태도를 "우리 아프리카에서는……"이라는 식으로 일반화해 말하는 이런저런 인사들도 마찬가지이다.

문제 자체는 수십 년 전부터 변해왔는데, 인문·사회과학 전문가라고 하는 사람들이 문제를 제기하는 방식은 거의 바뀌지 않았다. 다양성과 차이의 중요성을 과소평가하는 용어들인 '일반론'이나 '사례 연구'가 목차에 들어 있는 숱한 공동 저작물들이 그 증거이다. 그러니 아프리카 대륙에 대한 지식이 발전했는데도 아프리카와 관련된 표현 방식들은 본질적으로 변하지 않았다는 사실은 전혀 놀랍지 않다.

편견
3

"유럽인들이 도래하기 이전의 흑아프리카에는 역사가 없다"

우리는 반 리베크Van Riebeck가 케이프타운에 하선한 해인 1652년에 우리의 역사가 시작되었다는 신화를 깨뜨려야 한다.

— 1977년 감옥에서 죽은 남아프리카공화국의 투사,

스티브 비코Steve Biko

유럽인들과의 접촉 이전에도, 그리고 유럽인들과 무관하게 흑아프리카에 대한 역사 연구가 이루어졌다는 사실은 비교적 최근에야 인정받았다. 이중의 장애, 즉 역사학이라는 분과학문에 대한 협소한 정의, 그리고 아프리카가 정복당한 대륙이었다는 사실에서 비롯되는 장애 때문이었다.

오랫동안 서구의 역사학자들은 자신들의 영역을 유럽과 지중해라는 지리적 지역으로 한정해왔다. 세계의 다른 지역들은 유럽과 관계가 있는 한에서만 보편 역사에 등장했다. 아프리카는 역사학의 고전적인 틀 안에 거의 포섭되지 않았기 때문에, 그런 관념의 가장 큰 피해자가 되었다. 사실 역사학은 문자 발명이 선사시대로부터 역사시대로의 이행을 나타내는 지표라는 생각과 문서자료의 우위를 확정하면서, 19세기 말의 수십 년 동안에 인문과학으로 확립되었다. 사하라 이남의 아프리카 사회는 대부분 문자가 없었고 구전에 의존하고 있었기 때문에, 역사학자들은 아프리카인들에 대한 연구를 자신들의 능력 밖의 일로 간주했다. 그런 연구는 역사학자들과는 다른 방법론을 구사하는 민족학자, 인류학자, 지리학자, 사회학자들의 몫으로 넘겨졌다. 그런데 후자들은 조사 당시에 수집한 자료들을 과거로 투사하는 방식을 쓰기 때문에, 연구 대상 사회에 대해 단선적인 관점을 제시하는 경우가 많았다. 그런 방식은 진보에 대한 부정으로, 그리고 '전통'이라는 용어나 전통 - 현대의 대립이 잘 보여주는 판박이 설명으로 귀착되곤 했다.

흑아프리카와 그 주민들을 자신들의 연구 영역에 포함하지 않는 대신, 역사학자들은 흔히 단순하고 도식적인 관점들을 취했다. 유네스코가 발간한 『아프리카 일반사L'Histoire générale de l'Afrique』에는 옥스퍼드 대학의 어느 역사학자가 남긴 말이 인용되어 있다. 그 말을 한 사람이 누구인지, 대략 1930년대 말쯤으로 추정될 뿐 그 말을 한 게 언제인지도 밝혀져 있지 않지만, 인용된 역사학자의 말은 그런 사고방식을 잘 보여주는 사례이다. "아마도 미래에는 아프리카 역사를 가르칠 날이 올 것이다. 그러나 지금은 가르칠 만한 아프리카 역사가 없다. 아프리카에 간 유럽인들의 역사가 있을 뿐이다. 그 나머지는 어둠이다. …… 그런데 어둠은 역사의 주제가 아니다. …… 우리는 아름답긴 하지만 그저 아름다울 뿐인 어느 오지에서 야만의 부족들이 보여주는 무의미한 움직임들에 시간을 낭비할 겨를이 없다"(『아프리카 일반사』, 1권, 35쪽).

양차대전 사이에, 뤼시엥 페브르Lucien Febvre와 마르크 블로흐Marc Bloch를 비롯해 역사학을 갱신하려는 노력을 경주했던 역사학자들의 모임인 아날학파가 과거에 만들어진 다른 자료들의 참조를 권장했을 때에도 글의 우위는 요지부동이었다. 아프리카 사회는 여전히 변화가 불가능한, 응고된 사회로 보였다.

동시에 아프리카 대륙의 거의 전부가 19세기 말에 정복당했다는 사실이 아프리카의 역사는 유럽 국가들과 맺은 관계의 역사일 뿐이라는 생각을 뒷받침해주었다. 주목할 만한 사실은 아프리카의 과거를 다루기 위해 1921년 콜레주 드 프랑스Collège de France에 만들어진 최초의 강좌가 아프리카의 과거를 프랑스 식민지배의 역사에 포함했다는 점이다. 또한 그 강좌를 담당했던 알프레드 마르티노Alfred Martineau가 가브리엘 아노토Gabriel Hanotaux와 공동으로 기획한 총서에서도 아프리카는 『프랑스 식민지의 역사L'Histoire des colonies françaises』(1930~1934)라는 틀 안에서 다루어졌다. 또 다른 예로 영국에서 나온 여덟 권짜리 책 『케임브리지 대영제국의 역사The Cambridge History of the British Empire』(1929~)의 경우에는 한 권만이 남부 아프리카를 대상으로 할애되었다. 다시 말해 식민지의 역사만 다루어진 것이다. 아프리카인들에 대한 언급은 어느 인류학자가 쓴 서문에 잠깐 나올 뿐이다. 그런데 그런 저작들이 20세기 후반까지도 주요 참고문헌으로 남게 되었다.

그렇지만 흑아프리카의 역사는 점차 식민지배의 역사에서 떨어져 나오기 시작했다. 그런 움직임은 대개 아프리카 땅에서 본토 출신의 식민지 거주자들 자신에 의해 촉발되었다. 1915년 클로젤 총독이 만들었고 1938년에 프랑스 흑아프리카 연구소로 명칭이 바뀐, 프랑스령 서부 아프리카의 과학·역사 연구위원회가 대표적인 경우이다. 그 위원회에는 박학자들, '토착' 전통 전문가들, 현지인들(선교사, 관리, 상인)이 참여했는데, 그중에서 모리스 들라포스Maurice Delafosse와 조르주 아르디Georges Hardy가 제일 알려진 사람들이었다. 위원회의 일차적인 목표는 과거에 이루어진 교역과 식민화 사이의 연속성을 드러냄으로써 식민화에 의미와 정당성을 부여하는 것이었다. 그러려면 무엇보다 유럽인들의 관점과 일치하는 옛 자료들을 모아야 했다. 물론 수집된 구전 전승들은 역사적인 자료로는 간주되지 않았다. 그 점은 프랑스령 서부 아프리카의 『과학·역사 위원회 보고서 Bulletin du Comité d'études historiques et scientifiques』(1924)에 실린 블랑의 글에도 잘 드러나 있다. 그는 북아프리카의 사헬 지방 사람들이 알려준 그곳 주민들의 구성과 연원에 대한 정보들을 인용하면서, 다음과 같이 쓰고 있다. "그곳에서 그는 혼란스럽고 뒤죽박죽인 잡담들에 익숙해졌다."

2차 세계대전이 끝난 뒤에 아프리카 문화의 재평가는 급격한 변화를 맞게 되는데, 아프리카 지식인들의 행동, 특히 아프리카 문화협회의 창립과 1947년 알리운 디옵Alioune Diop이 만든 잡지 ≪프레장스 아프리켄Présence africaine≫, 그리고 미국 흑인들의 역할이 컸다. 또한 분과학문들의 변화도 있었다. 먼저 인류학자들이 의례와 종교에 대한 비교연구를 통해 아프리카 사회에 대한 고정관념들을 공격했다. 아날학파의 세례를 받은 새로운 세대의 역사학자들은 역사학의 전거들을 확장하는 데 호의적이었다. 물론 그들도 구전 이야기들은 신뢰할 수 있는 자료로 인정하지 않았다. 그런데 미국에서 발전하기 시작한 구전 역사학은 조합주의자들이나 노동자들처럼 의사표현을 글로 하지 않는 사람들의 이야기에 관심을 가졌다. 유럽인들과는 무관한 아프리카 사람들의 역사가 있고 또 그 역사가 연구될 만한 가치가 있다는 것을 보여주려면, 구전 전통도 별도의 역사 자료로 인정받을 수 있게 해줄 적절한 방법론의 구상이 필요했다. 그러한 성찰은 식민지 해방 시기에 식민시대에 대한 비판적인 분석들이 등장하는 것과 함께 이루어졌다. 장 반지나Jan Vansina의 중요한 저서인 『구전 전통에 대하여: 역사 연구 방법론De la tradition orale: Essai de méthodologie historique』이 많은 피식민 국가들이 독립한 이듬해인 1961년에 발간된 것은 결코 우연이 아니다.

이후로 다양한 전거들을 활용하는 많은 역사 연구들이 이루어졌다. 1970년대에 유네스코가 기획한 『아프리카 일반사』의 경우, 편찬을 책임졌던 국제과학위원회의 전체 위원들 39명 중에서 3분의 2가 아프리카인들이었다. 선사 시대부터 현대까지 여덟 권으로 되어 있는데, 집필에는 아프리카인들을 포함한 여러 나라의 역사학자들이 참여했다. 이후 서지가 수정·보완되긴 했지만, 그 책은 여전히 중요한 참조문헌으로 남아 있다. 그러나 이후에도 오랫동안 그런 결과물들은 소수의 전문가들만이 접할 수 있었고, 학교에서의 아프리카 역사 교육은 '아프리카 사회는 문자가 없었기 때문에 역사도 없었다'는 생각을 영속화했다.

편견
4

"아프리카는 혼란과 전쟁이 휩쓰는 땅이었다"

조상 전래의 제도들은 수 세기 전부터 〔아프리카에〕 유럽이 상상하기 힘든 자유를 확보해주었다.

— 조모 케냐타Jomo Kenyatta(1937)

오랫동안 프랑스를 비롯한 서구의 모든 나라에서는 식민지배 이전의 아프리카는 정치 기구도 국가도 없는 혼돈의 땅이었다는 생각이 지배적이었다. 아프리카 대륙에 관한 수 세기 동안의 피상적인 지식에서 비롯된 그러한 관념은 식민 정복을 정당화할 목적으로 한층 더 강화되고 대중화되었다. 식민 정복이 아프리카에 '현대적인' 사회구조와 평화를 가져다주었다는 것이다. 19세기 말부터는 학교 교육이 맞장구를 쳤다. 독립 직후에 만들어진 교과서들조차 여전히 그 전과 같은 용어들을 사용하면서 식민 정복을 정당화했다. 1963년에 쓰여 1967년에도 아무런 수정 없이 교과서에 다시 실린 다음의 글을 보자. "때로 행렬은 흑인 폭군들과 맞닥뜨리기도 한다. 그들은 사나운 짐승 같은 자들이어서, 지나가는 모든 곳을 쑥밭으로 만들고 불쌍한 흑인들을 학살하거나 노예로 데려간다. 결국 전투가 벌어지고, 용기와 수완을 갖춘 백인 대장은 원주민 병사들과 함께 수천 명의 전사 무리들을 달아나게 만든다. 그런 식으로 구로Gouraud는 몇 년 전부터 수단Soudan을 공포에 떨게 하던 술탄 사모리를 사로잡았다"〔플랑드르Flandre · 메르시에Mercier, 『중급 교재Cours moyen』 (Belin), 137쪽〕.

이 책은 같은 수준의 다른 책들과 전혀 차이가 없다. 어김없이 한편에는 소수의 우두머리들 — '작은 나라의 왕들' 또는 '폭군들' — 과 다수의 굴복한 피억압자들로 구성된 아프리카인들이 있고, 다른 한편에는 자유를 가져다주는 민족이자 영웅적 개인들인 프랑스인들이 있다. 각각의 정치 구조는? 아프리카인들에게는 전제와 파당, 약탈과 내전이 있고, 프랑스인들에게는 질서와 법이 있다. 요컨대 그것은 야만과 문명의 대립이다. 물론 그 뒤에 교과서들이 약간 수정되긴 했지만, 그런 도식적인 판단들은 계속 남아 있었을 뿐 아니라 미디어를 통해 되풀이되기도 했다. 그래서 우리는 식민지배 이전의 흑아프리카에는 원시적인 제도들밖에 없었다는, 그리고 아프리카 사람들은 별다른 이유 없이 항상 서로 싸워왔다는 내용의 말이나 글을 여전히 접하게 된다. 그리고 그런 말이나 글에서는 흔히 '종족', '부족', '족장의 영지' 같은 용어들이 동원된다. 이 분야에서 역사 지식의 발전은 일반 대중에게는 거의 알려지지 않은 셈이다.

식민지배 이전의 흑아프리카에 대한 그런 평가들에는 여러 가지 요소들이 관여한다. 기본적으로 그런 평가들은 오래전부터 여행자들에 의해 확인된 바 있는 정치 단위들의 다양성을 무시한다. 이른바 분절分節 사회라 하더라도, 말리의 부아 족이나 도곤 족, 토고 북부의 카비에 족, 중앙아프리카와 콩고의 피그미 족에게는 정치 단위들이 존재했다. 또한 나이지리아의 오요, 이페, 아베오쿠타 같은 도시국가들도 있었고, 왕국이나 제국도 있었다. 그런데 그런 정치 단위들에 대한 묘사가 자민족중심주의에 물들어 이국적이고 삽화적인 측면만을 부각하는 바람에, 제도나 조직 유형의 다양성이 과소평가되었던 것이다. 수십 년 전부터 행해지기 시작한 비교연구는 그 제도나 조직들 간의 공통점 못지않게 차이도 강조하고 있다.

속설과는 달리, 그들의 영토는 식민 분할 이전에도 명확한 경계를 가지고 있었다. 외지인들의 눈에 잘 보이지 않았을 뿐이지 경계를 나타내는 방식은 여러 가지였다. 여기서는 그중 몇 가지만 소개한다. 그 당시 아프리카 주민의 다수를 차지했던 시골 사람들에게 영토와 거주민의 보호는 사회조직의 유형과 환경에 따라 달라졌다. 다시 말해 숲에 사느냐 초원에 사느냐 구릉 지대에 사느냐에 따라 달라졌다. 몇 가지 예를 보면 알 수 있다. 서부 아프리카에 있는 요루바 족의 옛 도시국가였던 아베오쿠타(지금의 나이지리아) 주민들은 높은 토성을 쌓아 적의 공격이 있을 때 인근의 시골 사람들이 그 안으로 피할 수 있게 했다. 성벽 외부에는 가시 식물들을 심어놓은 방어용 비탈이 있어 적들이 기어오르기도 어렵고 효과적으로 수비할 수 있었다. 면적은 넓지 않았지만, 다호메이 왕국(지금의 베냉)은 관세 조직과 통행료 징수소를 갖고 있었다. 교통로의 길목에 위치한 통행료 징수소는 왕국의 영토를 감시하고 이런저런 밀수를 막는 역할을 했다. 남부 아프리카의 줄루 제국은 사람들이 살지 않는 넓은 지대로 둘러싸여 있었는데, 그 안에서 전사들이 순찰을 돌았다.

세계의 다른 모든 곳과 마찬가지로, 공간에 대한 관리는 사회적인 통일성을 확보해주는 구조들 중의 하나였다. 정치적인 권위는 일반적으로 신성하고 종교적인 성격도 지녔는데, 경우에 따라 집단 또는 개인에 의해 행사되었다. 언뜻 보기에 아주 권위적인 경우에도 절대적인 권력은 드물었다. 예를 들어 다호메이의 왕 앞에서 신하들은 이마가 땅에 닿도록 부복해야 했지만, 그 왕에게도 반대 세력은 있었다. 많은 아프리카 사회에서 그렇듯이, 반대 세력은 비밀 조직의 형태를 띠었다. 지방에 따라 정도의 차이는 있지만 통치 구조도 꽤 발달해서, 잘 조직된 경우에는 대신大臣들과 결정을 실행에 옮기는 부서들도 존재했다. 다시 다호메이의 예를 들자면, 치안과 왕궁의 행정을 책임지는 대신, 농업과 상업을 담당하는 대신, 그리고 왕국에 주재하는 외지 상인들과의 관계를 맡는 대신이 있었다.

군대는 중요했지만 그 규모나 구성은 나라마다 달랐다. 예컨대 다호메이에는 남성 부대와 여성 부대가 있었는데, 여성 부대를 유럽인들은 '아마존'이라고 불렀다. 노예제도 일반적인 현상이긴 했지만, 모든 사회에 퍼져 있었던 것은 아니다. 다호메이 같은 몇몇 왕국들은 유럽 노예상인들과의 대서양 노예무역으로 국력을 쌓았다. 그들은 인근 지방에서 사로잡은 노예들을 무기와 교환했다. 동부 아프리카의 몇몇 왕국도 아랍 노예상인들과의 협력을 통한 인도양 노예무역으로 먹고살았다. 아프리카 나라들 간의 관계는 세계의 다른 곳과 마찬가지로 호전적인 관계가 아니었다. 주로 대사 교환과 혼인관계에 기초한 관계였기 때문에, 대부분의 군주에게는 여러 명의 아내가 있었다. 어디서나 그렇듯이 일반적으로 전쟁은 팽창주의적인 국가의 정복 의지가 원인이 되어 일어났다.

따라서 식민화되기 직전의 지정학적 상황은 앞선 세기들 동안 세워지기도 하고 무너지기도 했던 드넓은 제국들의 분열과 새로운 정치적 판 짜기에서 비롯된 것이었다. 아프리카 서부에서는 일반적으로 이슬람에 기초를 둔 팽창주의적 이주의 결과로, 다른 국가들을 정복함으로써 강대해지고자 하는 국가들이 세워졌다. 예컨대 사모리 제국은 1860년대부터 사헬 - 수단 지역의 상당한 영역까지 영토를 확장하다가, 1898년 프랑스의 정복에 의해 제동이 걸리고 말았다. 에티오피아에서는 테오도로스Théodoros(1855~1868년), 요하네스 4세Johannès IV(1871~1889년), 메넬리크 2세Ménélik II(1889~1913년)라는 세 명의 황제에 의해 국가의 통일과 변화가 잇달아 모색되었다. 에티오피아는 유럽인들에 의한 아프리카 분할에서 살아남았을 뿐 아니라 그 분할에 참여하기까지 했다. 남아프리카공화국에서는 1820년대에 샤카Shaka가 군사력을 토대로 튼튼하게 체계를 세운 줄루 제국이 그의 계승자들에 의해 발전하다가 1887년 영국에 합병되었다.

사하라 이남 아프리카가 겪은 변동의 내용을 왜곡하는 것은 유럽 열강들의 탐욕과 정복을 정당화하기 위한 것이었다. 그런데 식민 시기 훨씬 이후에도 일반 대중들 속에서는 그러한 도식적이고 부정적인 해석들이 계속 보존되었다.

편견
5

"흑아프리카는 종교적 몽매주의에 빠져 있었다"

국제통화기금과 세계은행의 유럽인들이나 미국인들 사이에서, 그 수천 년 된 신앙, 공포, 주술사들을 상상하고 있을 아프리카.

— 펠릭스 우푸에 - 부아니 F. Houphouët-Boigny,
『나의 초기 투쟁들 Mes premiers combats』(1994)

1993년에 죽을 때까지 코트디부아르를 통치했던 펠릭스 우푸에 - 부아니처럼, 때로는 아프리카인들 스스로 답습하기도 하는 그 고정관념은 오직 일신교만이 참된 종교라고 생각하는 가치 판단에서 비롯한다. 물론 성서를 믿는 사람들끼리도 서로를 비방하고 싸우기까지 한다. 그러나 아프리카인들의 전래 신앙에 대한 부정적인 평가에 관한 한, 그들의 견해는 일치한다. 그들은 포르투갈어 '페이티소feitiço'에서 파생한 용어들을 사용해 아프리카인들의 전래 신앙을 묘사한다. 제의는 '페티시즘'(주물숭배)이고, 물건들은 '페티시'(주물), 영매나 사제는 '페티쇠르'(주물사), 신자들은 '페티시스트'(주물숭배자)들이다. 원시적이라고 간주되는 의례들에 적용되는 이러한 명명법은 오늘날에도 여전히 사용되어, '이교도'들을 바라보는 경멸적인 시선을 영구화하고 있다. 다만 몇 십 년 전부터 전문가들은 그런 용어들의 사용을 피하거나 인용부호 속에 넣어 사용한다.

그에 대한 반발로, 몇몇 아프리카인들은 유대 - 기독교나 이슬람과 표현 방식만 다를 뿐이지 유일신에 기초해 있기는 마찬가지라는 주장으로 자신들의 신앙에 대한 재평가를 시도한다. 일신교로서의 자격을 주장하는 이러한 태도는 앞서 말한 다신교에 대한 경멸적 관점에서 벗어나 있지 않다. 물론 그런 종류의 주장이 근거가 있는지 어떤지를 판단하는 것은 우리의 몫이 아니다. 우리는 다만 정령 숭배라는 이름으로 지나치게 일반화되는 경향이 있는 아프리카 전래 신앙의 기본 요소들을 분석해 보고자 한다.

일정한 문화권 안에는 공통의 문화적 요소들이 병존하긴 하지만, 아프리카의 종교는 특정 지방과 집단에 연결되어 있기 때문에 그 사회들만큼이나 수효가 많다. 그래서 세계에 대한 설명도 다양하다. 그중 가장 많이 알려진 것이 아마도 도곤 족(말리)의 설명일 텐데, 마르셀 그리올Marcel Griole이 『물의 신Dieu d'eau』(1948)에서 이방인들도 이해할 수 있도록 체계적으로 분석해 대중화했다.

대부분의 판테온에는 우월신이 존재하는데, 우월신은 인간들과 거리를 두고 인간사에 거의 관여하지 않는다. 인간사는 자연력에서 비롯되는 다양한 신들의 몫이다. 이 신들은 경배의 수단인 제의적인 물건들을 통해 상징되고, 때로는 서로 간에 위계가 존재하기도 한다. 예컨대 토고부터 서부 나이지리아에 이르는 아자-타도adja-tado권에서는 마후Mahu가 최고신이다. 보둔vo-doun(카리브와 브라질에 이주한 노예들의 문화적 변형물인 보두vau-dou와 혼동하지 말자)은 대장장이와 천둥의 신인 오구Ogou, 천연두(아프리카의 오랜 풍토병이었다)의 신인 사크파타Sakpata 같은 신들에 불과하다. 또한 조상들을 경배하는 방식도 다양하다. 베냉과 나이지리아의 요루바 족에게는 집안마다 에군egoun이 있다. 에군은 공동체가 잘 굴러가도록 조절하기 위해 주기적으로 '〔무덤에서〕 나오는' 일종의 귀신인데, 피에르 베르제Pierre Verger가 찍은 사진이 『아프리카의 신들Dieux d'Afriques』(1954)에 실려 있다.

입문자들로 이루어진 결사 단체들도 도처에 존재했지만, 그 목적이나 권한은 공동체마다 달랐다. 특수한 복장에 가면을 쓰기도 했던 그 어둠 속의 인물들은 행동거지와 언어도 특별했다. 그들은 정치적·사회적인 관제管制를 맡거나, 포르토-노바(베냉)의 장베토Zangbeto처럼 야간 치안을 담당하기도 했다. 또는 케투(옛 베냉)나 가봉의 지지르 족처럼 마을의 청결을 책임지기도 했다. 불가사의한 힘과 방법에 의존한다는 점에서, 그들의 비밀스러운 성격은 그들의 명령 집행을 한층 더 확실하게 보장해주었다. 그런 관행들이 '주술'이라는 용어로 도식화되면서 유럽인들에 의한 터무니없는 해석을 낳는 경우가 많았다. 입문자들이 표범으로 변신해 살인을 저지른다는, 표범-인간들의 비밀 결사 단체 이야기가 그런 경우이다. 표범-인간들의 결사 단체는 특히 에르제Hergé의 만화 『콩고에 간 탱탱Tintin au Congo』에 의해 무비판적으로 대중들에게 소개되었고, 지금도 많은 만화작가들과 시나리오 작가들의 상상을 부추기고 있다.

다양한 신앙의 분포는 그에 대한 통제를 어렵게 하거나 거의 불가능하게 했다. 식민 정부들은 좀 더 큰 규모의 공동체와 상대하고자 했고, 따라서 그런 신앙들에 적대적이었다. 그래서 식민 정부들은 선교 사업을 장려했는데, 이는 20세기 초에 독일의 신학자 구스타프 바르네크Gustav Warneck가 지적한 점이기도 하다. "식민 체제는 기독교 확산을 자신들의 전략에 포함했다. 선교의 도움으로 자신들의 지배를 강화하고 식민지의 생산성을 높이고자 했던 것이다."

선교사들은 선교사들대로 유럽 정부의 지원을 기대하면서, 식민화의 성공을 '자신들의 전략적 고려'에 포함했다. 이슬람에 대한 식민 당국의 태도는 좀 더 신중했지만, 전래 종교를 억압해야 할 경우에는 이슬람을 지지하는 쪽을 선택했다.

독립 이후에 베냉을 비롯한 몇몇 나라에서는 전래 종교를 국가적으로 대표하는 인물, 즉 '주물사들의 우두머리'를 두어서 전래 종교들을 조직하려는 시도가 있었다. 정치적인 고려에서 비롯된 시도였지만, 신앙의 대상이 워낙 다양하기 때문에 종교적으로는 타당성이 없었다.

이른바 현지 종교들은 그 종교들이 결속을 확보해주었던 사회들이 해체됨에 따라 전반적으로 쇠퇴한다. 마을 사람들의 평생에 걸친 교육에 일반적인 틀을 제공하는 역할을 해오던 연령계층 체계가 이농과 도시 팽창, 서구식 학교의 침투로 무너져버렸다. 또한 전래 종교들은 다른 종교들의 강력한 선교 때문에 큰 타격을 입었다. 여전히 예전의 몇 가지 의례를 행하기는 하지만, 기독교도와 이슬람교도의 수가 점점 증가하고 있다. 21세기 초를 기준으로 기독교도와 이슬람교도가 아프리카인들의 46퍼센트와 41퍼센트를 차지하는 반면, 국제적인 용어로 이른바 '민족 종교'의 신자들은 13퍼센트에 불과하다. 특히 이슬람은 일부다처제와 같은 관습을 포기하라고 강요하지 않기 때문에 좀 더 빠르게 확산되었다. 이슬람은 현재 가장 두드러지게 세력을 확장하고 있는 종교이다.

아프리카의 식민지배와 근대화

편견 6 "아프리카인들이 식민지배를 받은 것은 유럽인들이 그들보다 우월하기 때문이다"

편견 7 "식민지배는 아프리카를 일하게 만들었다"

편견 8 "식민지배는 아프리카를 개발했다"

편견 9 "아프리카인들은 식민 사업의 수혜자들이다"

편견
6

"아프리카인들이 식민지배를 받은 것은 유럽인들이 그들보다 우월하기 때문이다"

법, 정의, 진보, 진리의 사도인 프랑스는 열등한 종족의 사람들이 아니라 — 열등한 종족이란 없다 — 열등한 문화에 속한 사람들을 이 위대한 가치들에 입문시켜야 할 의무가 있지 않은가?

— 앙제의 주교이자 피니스테르의 가톨릭 의원인 프레펠Freppel 예하, 1885년 12월 21일의 의회 토론

아프리카인들이 자신들의 열등함을 알고 있었기 때문에 식민화를 받아들였다는 통념은 식민지배에 대한 그들의 반발을 과소평가하거나 무시하고 있다.

사하라 이남에서 19세기 후반에 이루어진 유럽의 팽창은 주로 그 이전에 정착한 이주민들을 출발점으로 삼아 시작되었다. 국가의 지원을 받거나 혹은 국가의 지원 없이도, 식민화의 지지자들은 탐험과 정복을 위한 파견대를 조직했다. 그 목표는 두 가지였는데, 그때까지 발을 들여놓아본 적이 없는 땅들을 답사하는 것과 자국의 영토를 확장하는 것이었다. 방법은 '보호' 조약의 체결이었다. 보호 조약을 체결한 다음에는 현지 지도자들이 보호받기를 원했다는 사실을 논거로, 식민지배 정부들은 자신들의 영유권을 정당화했다. 수백 개의 조약문서가 작성되었는데, 프랑스만 하더라도 1880년에서 1890년 사이에 226개의 문서가 만들어졌다. 그 모든 문서의 가치가 같지는 않았다. 대개 문서를 작성한 대리인들은 '왕'이나 '우두머리'라고 지칭되는 현지 사람이 자신의 공동체를 대표할 만한 자격이나 권한이 있는 사람인지 아닌지를 몰랐기 때문이다. 또한 '보호'라는 용어가 서명 당사자들에 의해 서로 다르게 해석되었다. 유럽인들은 그것을 자국의 소유권 획득으로 받아들였지만, 아프리카인들에게 그것은 그저 우호적인 행위일 뿐이었다. 집단 소유의 원칙 때문에, 조상들에게 물려받은 땅을 양도한다는 것은 있을 수 없는 일이었기 때문이다. 아프리카인들은 서명의 대가로 받은 깃발을 선물로 여겼고, 환대의 표시로 그 깃발을 게양했다. 그래서 그 손님이 떠난 뒤에 그런 기회가 다시 오면, 아무 거리낌 없이 그 깃발을 다른 나라의 깃발로 대체했던 것이다. 이러한 관념의 차이가 분쟁으로 번지는 일도 있었다. 코토누를 놓고 1890년에 시작된 전쟁이 바로 그런 경우이다. 다호메이(현재의 베냉)의 왕인 베앙쟁이 코토누를 프랑스에 양도했다는 사실에 이의를 제기했는데, 그는 선왕들이 서명한 문서들의 의미를 그 지역에 대한 점유 허가로만 받아들였던 것이다.

표면상 별 문제없이 정복된 지역들도 있었지만, 어떤 지역의 주민들은 자주권의 상실을 받아들이지 않았다. 저항이 발생하면 식민지배 국가들은 군대를 파견했는데, 원정대는 대개 아프리카의 다른 지역에서 징발한 병사들을 본국 장교들이 지휘하는 형태로 구성되었다. 식민 전쟁은 아주 빈번했다. 프랑스 측에서는 세네갈과 대서양 연안의 거점들을 중심으로 니제르, 차드, 나일강 상류 쪽으로의 진출을 방해하는 국가들과 사하라 사막 도처에 있는 영토 간의 연결을 가로막는 국가들에 원정대를 파견했다. 마다가스카르 점령도 1885년과 1894년의 군사적 행동을 통해 이루어졌다. 프랑스의 권한을 확립하기 위해 갈리에니Gallieni 장군에게 진압과 치안 회복의 임무가 맡겨졌다. 그는 강력한 수단을 사용해, 왕조를 무너뜨리고 여왕 라나발로나 3세Ranavalona III를 폐위했다. 어쩔 수 없이 보호조약을 수용한 여왕은 망명 길에 올랐다(1897년). 프랑스에 합병된 마다가스카르는 식민지가 되었다.

황금 해안의 정착지들을 거점으로 영토 확장을 시도한 영국도 지배당하기를 거부하는 아샨티 족과 충돌했다. 한동안 전쟁이 이어졌다. 1874년 연안 국가들을 병합하면서 시작된 전쟁은 1896년과 1900년에 진행된 두 차례의 대규모 원정을 통해 마무리되었고, 아샨티 족은 결국 항복하고 말았다. 동시에 니제르를 목표로 한 경쟁에서 프랑스와 독일을 따라잡기 위해, 영국은 오일 리버(니제르 강) 지방을 거점으로 한 진출과 라고스(나이지리아) 배후 지역에서의 영역 확장을 시도했다. 영국인들은 하우사 지방을 차지한 뒤에 차드를 향해 나아갔다. 그러나 프랑스의 존재 때문에 나일강 상류 지방과의 연결이 불가능했다. 나일강 상류 지방에서는 1898년 영국과 이집트 연합군이 마흐디Mahdi 왕국을 물리치고 카르툼을 점령한 다음, 파쇼다에 주둔한 바 있었다. 마르샹Marchand 장군은 파쇼다에서 철수할 수밖에 없었다. 그 '사건' 때문에 영국인들과 프랑스인들 사이에 생겨난 반감과 증오심은 여러 해 동안 지속되었다. 남아프리카에서는 다이아몬드 광산(1867년)과 금광(1881년)의 발견이 영국의 팽창 정책을 불러왔는데, 특히 보어 전쟁(1899~1902년) 당시의 보어인 국가들과 줄루 제국이 그 희생물이 되었다.

유럽 국가들은 베를린 회의(1884~1885년)에서 아프리카 분할 방식에 대해 합의했는데, 그 회의에 참여한 아프리카 국가는 없었다. 뒤이어 그 유럽 국가들은 쌍방조약을 통해 차례로 그들이 지닌 영토의 경계를 확정해갔다. 사실 그들의 '우월성'은 군사력 우위에서 비롯된 것이었다. 실제로 저항이 심한 경우에, 몇몇 나라들은 주저하지 않고 막대한 금액을 군수 물자에 투자했다. 예를 들어 영국은 1879년 한 해 동안 남아프리카에 500만 영국 파운드에 해당하는 군수 물자를 보냈다. 그 몇 달 전 이산드루아나에서 영국군을 물리친 줄루 족에 대한 보복이 목표였는데, 줄루 족의 승리는 흑인들이 세계 최강의 군대를 이겼다는 사실 때문에 유럽인들에게 큰 충격을 준 바 있었다.

그렇지만 아프리카인들도 무기의 중요성을 과소평가하지 않았다. 아프리카의 전사들도 유럽인들에게서 구입한 총을 들고 싸웠다. 다만 유럽인들이 그들에게 판 무기들은 대개 구식이었다. 그중 어떤 것들은 1870년의 프랑스 - 프러시아 전쟁 같은 유럽 국가들 간 전쟁에서 사용하던 것들이었다. 중고 무기 거래는 서로 간에 전투가 벌어지는 기간에도 계속될 정도로 번성했다. 전투원이 아닌 유럽 국가 거류민들은 아프리카인들에게 물건을 팔아 큰 이익을 올릴 수 있는 기회를 놓치지 않았다. 벨기에의 리에주는 이른바 '거래용' 총기 수리의 세계적 중심지였다.

얼마 뒤에는 미국인들도 재활용 총기 수리의 전문가가 되었다. 무기와 관련된 기술적 우위가 식민 국가들의 승리를 가능하게 했던 것이다. 그렇지만 이탈리아는 1896년 에티오피아의 아두아에서 패했고, 그 패배는 유럽에서 충격으로 받아들여졌다. 어쨌든 그 바람에 에티오피아는 독립을 지킬 수 있었다.

정복 이후에 식민지배 체제가 확립되는 과정도 지역에 따라 주민들의 다양한 반응을 불러일으켰다. 예컨대 마다가스카르에서는 프랑스 군대의 주둔과 군인들의 횡포가 숱한 소요사태를 낳았다. 소요는 프랑스가 통치한 10년 동안 섬의 거의 모든 지역에서 이어졌고, 결국 식민 당국은 '화해'를 도모하지 않을 수 없었다. 도처에서 여러 식민지배 국가들은 치안 유지를 위해 군대나 경찰을 주둔시켰다. 그렇게 해서 식민 시기의 역사는 수동적인 저항에서부터 무장 반란에 이르기까지, 다양한 형태의 항의와 반발로 얼룩졌다. 1차 세계대전 기간에 서부 아프리카의 많은 프랑스령, 특히 오트볼타(지금의 부르키나파소)와 다호메이의 몇몇 지방에서 그랬던 것처럼, 무장반란은 가혹하게 진압되었다. 아프리카인들의 반발은 저항적인 종교운동의 형태를 띠기도 했고, 단체 결성이 허용되면서부터는 단체의 형태를 띠기도 했다. 요컨대 아프리카인들은 외국의 지배 과정에 다양한 방식으로 대응했고, 아무런 반발 없이 순순히 지배를 받아들였던 것은 아니다. 그들이 보여준 다양한 방식의 저항은 아프리카인들이 유럽인의 절대적 우월성을 수긍하지 않았다는 증거이다.

편견 7

"식민지배는 아프리카를 일하게 만들었다"

아주 많은 이유로 해서, 아프리카인에게는 선천적으로 노동에 대한 의욕이 없다.

— 식민지 담당 판무관 르네 플레방René Pleven,

프랑스 - 아프리카 회의의 결과에 대한 의회 예비 청문회의 연설,

≪관보Journal officiel≫(1944년 3월 15일)

'아프리카인'이 나태함 속에 빠져 있다거나 천성적으로 게으르다는 관념은 유럽인들이 노예무역을 통해 아프리카인들의 노동력을 활용하려 했을 때 만들어졌다. 사실 그런 부정적인 견해는 옛 여행자들의 이야기에서는 발견되지 않는다. 좀 더 나중에

도 노예무역과 무관한 사람들의 이야기에는 그런 견해가 등장하지 않는다. 이들의 이야기는 대부분 이런저런 농사일이나 수공일, 장사를 하는 아프리카 사람들의 근면함을 묘사하고 있다. 그런데 인신 매매에 연관된 사람들의 이야기는 달랐다. 예컨대 라바Labat 신부는 1728년과 1730년에 발표한 저작에서 아프리카 서부 해안에서 살 수 있는 노예들을 출신지에 따라 소개하면서, "노동과 아주 힘든 일에 익숙해져 있는" 튼튼한 노예들과 "먹보, 게으름뱅이, 도둑들"을 구분하고 있다. "이들은 노동을 싫어하고, 어쩔 수 없이 하게 되는 경우에는 무기력하다." 그런데 "무능할 뿐 아니라, 호흡을 멈추거나 흙을 먹고 죽어버리는 경향이 있다"라는 후자들에 대한 묘사는 노예 상태에 대한 저항의 형태로도 해석될 수 있다.

그러한 고정관념은 식민 시기에 좀 더 확대되었다. 그런 편견을 담고 있는 행정보고서나 저작들은 아주 많다. 한 예로 1894년에 발표된 탐험가 에두아르 포아Edouard Foa의 책 『다호메이: 역사, 지리, 풍습Le Dahomey: Histoire, géograhpie, moeurs』을 한번 보자. 다호메이 남부에서 파종하는 방식을 본 저자는 사람들이 허리를 굽히지 않고 씨를 뿌린다는 사실에서 "흑인의 지독한 나태함"에 대한 확실한 증거를 찾아냈다! 사실 그곳 사람들의 방식이 속도도 빠르고 효과적이었다. 그것은 오른쪽 엄지발가락으로 땅을 파는 동시에 바구니에서 꺼낸 씨앗을 "능숙하게" 던진 다음, 뒤꿈치로 쓸어 덮어버리는 방식이었다. 물론 그 당시의 유럽에서, 농부는 땀으로 밭을 경작해야 한다는 것이 일반적인 생각이었다.

정복 초기부터 식민 국가들은 등짐 운반(그 당시의 중요한 운반 수단이었고, 20세기 초엽까지도 그랬다), 설비 공사, 본토 출신의 개인 청부사업자들의 수요 때문에 많은 노동력이 필요했다. 그런데 아프리카 주민의 대다수를 차지했던 농부들은 짐꾼이나 몇 푼 받지도 못하는 임금노동자가 되기를 꺼려했다. 사실 열대 아프리카의 거의 모든 지역에서 자유노동을 한 것은 소수의 숙련 노동자들, 즉 능력 덕분에 일자리를 선택할 수도 있고 급여도 꽤 많이 받는 사람들뿐이었다.

식민 정부들은 필요한 노동력을 얻기 위해 다양한 수단들을 동원했다. 프랑스령에서는 노역 또는 부역이 마을에 이르는 길들을 유지·보수할 목적으로 실시되었지만, 그 제도의 시행은 숱한 부작용을 낳았다. 주거 밀집 지역의 주민들은 돈을 내는 것으로 부역을 대신할 수 있었는데, 그것을 "부역 되사기"라고 불렀다. 어쨌든 그런 방식으로는 노동력을 충당할 수 없었던 당국은 강제 노동에 의존했다. 마을이나 공동체마다 일정한 수효의 사람들을 제공해야 했고, 지시를 어길 경우에는 마을의 전통적인 우두머리나 따로 임명된 사람들에게 그 책임을 물었다. 이 책임자들의 태도는 복잡했다. 대개 그들은 자기 밑에 있는 사람들을 압박해 자신에게 부과된 인원을 채웠다. 기네의 푈 족처럼 자기들이 잡은 포로들을 보내 궁지를 모면하는 경우도 있었는데, 어떤 포로들은 그 덕분에 포로상태에서 벗어나기도 했다. 드물긴 하지만, 주민들의 지지하에 징발을 거부하는 책임자들도 있었다. 그런 경우에 그들은 감옥에 갇히거나 벌금형에 처해졌다. 반발이 너무 세거나 사람들이 강제 징발을 피하려 할 때는 불복종자들의 마을에서 '군인들의 행진'이 벌어졌다. 물론 치안을 바로잡고 인력을 강제 차출하기 위한 것이었다.

나이지리아의 영국 식민지처럼 주민의 수가 많지 않아 필요한 노동력을 충분히 공급받지 못하는 곳에서는 대개 강제 노동의 방식으로 모집된 외국인 '자원자'들에 의해 작업이 이루어졌다. 남아프리카공화국에서는 광산 노동력의 일부를 모잠비크의 포르투갈 정부로부터 공급받았다. 1899년의 원주민 노동법에 규정된 노동의 의무를 바탕으로, 모잠비크의 포르투갈 정부는 해마다 일정한 수의 징집 노동자들을 남아프리카공화국에 보냈다. 1940년대에는 해마다 10만 명을 보내기도 했는데, 그를 통해 고용주들이 직접 징수한 '가구세'(주거별 세금)를 아주 유리한 비율로 챙길 수 있었다.

남아프리카공화국에서는 19세기 말부터 토지를 지정 거주 지역 내로 제한한 것과 높은 인구 증가율이 맞물려, 시골 사람들의 일부가 백인의 집이나 산업체에서 일할 수밖에 없게 되었다. 특히 광산으로 많이 갔는데, 광산의 작업 구조는 현실적인 관점에서나 법적인 관점에서나 거의 형벌에 가까웠다. 일찍부터 피부색의 장벽colour bar이 생겨났고, 노동의 분배도 인종을 기준으로 이루어졌다. 기계 조작은 소수의 숙련 노동자들에게 맡겨졌는데, 그중 많은 사람들은 영국과 코르누아이유의 주석 광산에서 경험을 쌓은 사람들이었다. 감시와 감독 업무는 남아프리카공화국의 백인들이 맡았다. 서열의 제일 아래쪽에 막노동 광부들인 아프리카인들이 있었다. 백인들의 임금은 평균적으로 흑인의 임금보다 10배 정도 많았다. 그런 상황은 이내 전체 산업 영역으로 일반화되었다.

많은 식민지배자들은 아프리카인들을 문명화해야 한다는 구실로 강제 노동을 정당화했다. 나중에 1944년 2월 2일의 브라자빌 회의에서 펠릭스 에부에Félix Éboué는 이렇게 말한다. "노동의 법칙을 모르는 민족은 결코 성장한 적이 없다." 그는 "원주민의 이익"을 위한 노동의 의무에는 단호하게 지지를 표명한 반면, "가혹행위를 비롯한 온갖 남용의 엄격한 철폐"를 주창했다.

아프리카인들에 대한 착취, 그리고 프랑스령 콩고나 포르투갈 식민지의 양도회사들이 노동자들에게 강요한 열악한 처우는 20세기 초의 유럽에서 은폐된 방식의 새로운 노예제도라는 비난 여론을 생겨나게 했다. 예컨대 사회주의자 폴 루이Paul Louis가 1905년에 발간한 팸플릿의 제목인 「식민주의Le Colonialisme」는 때늦은 감이 없지 않았다. 1925년부터 프랑스의 여러 식민지에서 노동법의 맹아가 모습을 나타내기 시작했지만, 양차대전 사이에도 노동자들의 조건은 아주 가혹했다. 짐꾼이나 인부들의 '고용' 기간은 여섯 달로 정해져 있었지만 실제로는 아주 다양했다. 어쨌든 출신지와 일터 사이를 도보로 오가는 여정 때문에, 고용 기간이 50~70일 정도 늘어났다. 1930년경에야 트럭으로 노동자들을 이송하기 시작했다. 이동의 열악한 조건 또는 작업장에서의 열악한 노동조건과 생활환경 때문에, 질병 발생률이나 사망률이 평균보다 높았다. 식량 배급도 대개 부족해 영양부족으로 인한 질병도 발생했다. 전염병이 번지는 속도도 다른 곳들보다 빨랐다. 특히 콩고 - 오세앙 철도(1934년 완공) 건설 당시의 재앙에 가까웠던 작업 조건은 앙드레 지드André Gide나 알베르 롱드르Albert Londres 같은 지식인들에게 비난의 표적이 되었다. 알베르 롱드르는 나중에 『흑단의 땅Terre d'ébène』에 실은 일련의 현지 보고서에서, 프랑스령 아프리카 사람들을 다루는 방식을 다음과 같이 표현했다. "그들은 마치 마소처럼 다루어진다.”

국제노동사무소가 식민지의 강제 노동에 대한 공식 입장을 밝힌 것은 1930년 즈음의 일인데, 그 후에도 강제 노동은 사라지지 않았다. 프랑스에서는 국제노동사무소의 권고가 1937년 인민전선에 의해 비준되었지만, 실행에 옮겨지지 않았다. 게다가 전시동원 체제가 노동력 수요를 증가시켰다.

아프리카인들과 본토 일부 여론의 비난을 받았고 펠릭스 우푸에 - 부아니가 “변형된 노예제”라 표현한 바 있는 강제 노동은 프랑스에서 그의 이름이 붙여진 법률에 의해 1946년 4월 11일 폐지되었다. 1952년에는 고용주와 임금노동자 간의 관계를 정상화하기 위한 노동법이 공표되었지만, 식민지들이 독립하면서 그 법의 시행은 부분적으로만 이루어졌다.

편견
8

"식민지배는 아프리카를 개발했다"

그러나 점유는 첫 번째 행동에 불과하다. …… 대부분의 〔영토의〕 경우에, 우리는 아직 탐사 또는 채집 단계에 머물러 있다. 아주 제한된 몇몇 거점들과 대륙 가장자리의 좁은 지역을 제외하면, 아프리카 전체가 그렇다. 식민화는 단연코 20세기의 핵심 과업이 될 것이다.

— 피에르 르루아 - 보리외P. Leroy-Beaulieu, 『현대 민족들의 식민화에 대하여De la colonisation ohez les peuples modernes』(1902)

쥘 페리Jules Ferry나 피에르 르루아 - 보리외 같은 식민화 주창자들은 영토 획득의 목표가 이윤 추구에 있음을 숨기지 않았다. 물론 식민지에 문명을 전파한다는 주장을 통해 그들도 역사학자 앙리 브룅슈비크Henri Brunschwig의 표현을 빌리자면, 일종의 "자기 정당화"를 시도하기는 했다. 1차 세계대전 이후에 '식민지의 활용'이라 이름 붙여진 그 개발에는 몇 가지 기본 원칙이 있었다. 즉, 식민지는 본토에 일차원료를 공급하고, 본토에서 제조 물품을 구입하며, 본토에 아무런 비용 부담도 지우지 말아야 한다는 것이었다. 그런 계획이 성공하기 위해서는 주민들의 참여가 필요했다. 요컨대 주민들은 생산자 - 소비자 - 납세자가 되는 동시에, 이미 앞에서 본 것처럼 노동자로 변신해야 했다.

따라서 아프리카의 경제적인 개발은 교역에 우선권을 부여했다. 그때까지 현지나 외지 출신의 '청부인들'이 맡아왔던 식민지 내부 거래는 새로운 종속의 조건에 통합되고 수렴되어야 했다. 수출은 주로 본토의 산업적인 수요 충족을 목표로 이루어졌다. 독립 이전까지는 체계적인 탐사가 이루어지지 않은 광물자원의 경우, 몇몇 식민지에서만 개발이 이루어졌다. 벨기에령 콩고의 구리, 영국령 남아프리카의 금과 다이아몬드, 황금 해안(지금의 가나)의 금, 알제리의 철과 인산염, 튀니지의 인산염 등이 그런 경우들이다. 다른 곳들의 수출품은 토지 생산물들이었다. 마그레브와 남아프리카공화국, 영국령 동아프리카처럼 온난한 지방에 많이 살았던 식민 이주자들은 현지인들과는 달리 최상의 토지를 경작할 수 있었다. 예컨대 케냐의 현지인들은 경작이 가능한 땅이라곤 한 뼘밖에 되지 않는 지정 거주 지역 내에 격리되어 있었기 때문에, 커피 재배를 독점한 식민이주자들의 거대한 플랜테이션에 가서 품팔이 노동자가 될 수밖에 없었다.

열대 아프리카의 대부분 지역에서는 사정이 달랐다. 그곳에서는 유럽인들의 농업 식민이주 시도가 몇몇 포르투갈 식민지 외에는 모두 실패하고 말았다. 19세기 말의 프랑스령 콩고에서처럼 개인 회사에 불하된 땅의 주민들은 의무적으로 엄청난 양의 채취 고무를 넘겨주어야 했고, 그 때문에 칡이 고갈되기에 이르렀다. 역사학자 카트린 코크리 - 비드로비치Catherine Coquery-Vidrovitch가 사용한 용어인 '약탈 경제'의 한 단면이라고 할 수 있다. 다른 곳의 아프리카 농민들은 식량 작물과 수출 작물을 동시에 생산해야 했다. 수출 작물에는 특화 작물이 하나씩 들어 있었다. 프랑스령 세네갈과 수단의 땅콩, 베냉 만의 프랑스령과 영국령 오일 리버 지역(지금의 나이지리아)의 야자나무 생산물, 19세기 말에 황금 해안(현재의 가나)에 들어갔고 좀 더 나중에 코트디부아르에도 들어간 카카오, 2차 세계대전 때부터 카카오의 뒤를 잇는 코트디부아르의 커피가 그런 작물들이다. 그런 '수익' 작물들의 생산은 세네갈의 땅콩 생산자들이 고용한 '나베탄'처럼, 일시적 이주자들에 대한 수요를 생겨나게 했다. 나이지리아나 황금 해안의 아프리카인 농장주들에게 좀 더 나은 보수를 받았던 계절노동자들도 비슷한 경우이다. 자국 소유 영토의 일손 부족 현상에 불안해진 프랑스 당국은 노동자들이 다른 나라의 식민지로 나가는 것을 제한하는 조처를 공표했다.

대부분 유럽에 본사를 둔 무역회사들은 현지 여건보다는 세계적인 유통 상황에 따라 정해진 가격에 현지 경작자들의 생산물을 사들였다. 그 '쥐어짜기 경제'(지리학자 장 드레쉬Jean Dresch가 처음 사용한 뒤로 고전적인 표현이 되었다)는 국제적인 경기변동에 민감했고, 1930년대의 경제위기는 그러한 불균형 무역의 허약성을 특별히 부각했다. 주민들은 생산물을 판 소득으로 동일한 무역회사가 수입한 공산품들을 구입했다. 특히 옷감, 술, 식료품(설탕, 농축 우유, 밀가루, 쌀) 등의 소비재가 주를 이루었다. 1950년대까지 소규모였던 설비재의 경우에는 주로 경제적 외부 종속과 관련이 있는 활동 영역, 그중에서도 특히 운송과 항만 설비에 할당되었다.

주민들은 수입의 일부를 세금을 내는 데에도 써야 했다. 앞에서도 말했듯이, 재정적으로 자족해야 한다는 것이 모든 식민지 영토의 으뜸가는 원칙이었다. 식민 당국은 식민지의 운영과 시설을 모두 책임져야 했다. 따라서 투자를 위한 자금조달은 세수입에 의존했다. 프랑스의 경우에는 때로 돈을 차입하기도 했는데,

식민 정부의 예산으로 이자를 지불하고 원금을 상환해야 했다.

2차 세계대전과 함께 상황이 변하기 시작한다. 영국의 식민지들에서는 '식민지 개발과 복지 조례'를 통해 기반시설의 개선이 시도되었고, 프랑스의 경우에는 1946년에 사회경제투자개발기금FIDES이 만들어졌다. 그때부터 차용, 보조금, 증여의 형태로 현지 식민 정부에 대한 예산 지원이 이루어졌다. 그러나 지역에 따라 비율의 편차는 있지만, 현지의 조세수입도 그런 계획들의 재원 확보에 기여했다. 북아프리카는 1954년에 조세수입 비율이 36퍼센트였고, 프랑스령 흑아프리카는 평균 28퍼센트였다.

현지 식민 정부의 재원인 세금은 조세가 아니라 국토 개발에 대한 주민들의 기여금으로 간주되었다. 영국 정부는 될 수 있으면 수입품에 높은 간접세를 매기는 쪽을 택해 주민들이 느낄 수 있는 저항감을 줄였지만, 모든 직접세를 없애지는 않았다. 시에라리온의 가구세 신설은 '후트 세稅 전쟁'(1898년)이라는 이름으로 알려진 주민들의 저항을 유발하기도 했다. 1914년에 러가드 총독이 남부 나이지리아의 세 개의 군을 대상으로 실험했을 때도 주민들의 저항이 일어났다. 그래서 직접세의 확대는 양차대전 사이에 가서야 이루어졌다. 반대로 영국령 동부 아프리카에는 좀 더 일찍부터 직접세가 도입되었다. 케냐의 아프리카인들은 가구세를 냈고, 1903년에는 인두세를 냈다. 프랑스인들은 직접세와 간접세를 혼용했는데, 특히 흑아프리카에서 그랬다. 흑아프리카의 생산물은 프랑스령 서부 아프리카AOF와 프랑스령 적도 아프리카AEF를 관할하는 총괄 정부의 재원이었다. 그곳에서도 식민지에서 생산되는 일차원료의 원가를 상승시켜 본토 사용자들에게 불이익을 주는 일이 없게 하기 위해, 수입물품에 세금이 매겨졌다. 따라서 그곳 식민지 주민들은 무엇보다도 소비재에 대한 과중한 세 부담을 져야 했다. 그중에서도 섬유와 술에 특히 높은 세금이 매겨졌는데, 술의 경우에는 알코올 중독을 막는다는 명분이 있었다. 지역에 따라 도입된 시기는 다르지만, 20세기로 접어들 무렵에는 인두세 또는 주민세도 부과되었다. 인두세는 점차 확대되어 여덟 살 이상의 모든 주민에게 부과되다가 나중에는 열 살 이상의 모든 주민을 대상으로 부과되었다. 세율은 지역 단위로 주민들의 재산 평가액과 그로부터 얻을 수 있는 잠재적 소득 규모에 따라 정해졌다. 조사는 별로 정확하게 이루어지지 않았고, 대개 자의적으로 책정된 세금 총액이 각각의 마을에 할당되었다. 할당된 세금의 분배와 징수는 마을의 촌장이 책임졌고, 촌장은 그 대가로 징수 총액의 작은 일부를 배당받았다. 포르투갈 식민지의 주민들도 1907년 앙골라를 시작으로 도입된 가구세를 납부해야 했다.

세금은 여러 가지 형태로 주민들을 괴롭혔다. 애초에 정해진 원칙대로 하면, 세금은 숙련 노동자의 2~3일치 임금, 짐꾼의 5일치 임금, 흙일을 하는 인부의 12~13일치 임금에 해당했다. 전체 주민의 거의 대부분을 차지했던 농부들에 대한 과세액은 기네의 경우에는 콜라나무 열매 2킬로그램의 가격, 기네 만 연안과 프랑스령 적도 아프리카에서는 야자유 10킬로그램의 가격, 세네갈과 프랑스령 수단에서는 땅콩 20킬로그램의 가격에 해당했다. 세금을 내기 위해서는 돈이 필요했고, 농민들은 결국 생산을 늘리거나 임금노동자가 될 수밖에 없었다.

1차 세계대전, 1930년대의 경제 위기, 2차 세계대전은 식민 본국들로 하여금 식민 영토에 좀 더 '몰두'하게 만들었다. 식민지의 부담은 가중되었고, 전쟁 기간에는 군대 징집도 이루어졌다. 본국의 이익에 봉사하는 식민지 경제의 외부 종속은 한층 강화되었지만, 경제활동 영역의 다양화는 이루어지지 않았다.

대다수가 정치적 권리를 갖지 못했던 아프리카인들에게 착취는 가혹한 것이었다. 더구나 그들이 속한 식민지배 체제는 행정관에게 사법적인 권한도 부여하고 있었다. 반면에 본국 출신의 이주민들이나 현지인들은 시민권을 부여받았고, 그에 따른 특혜를 누렸다.

편견
9

"아프리카인들은 식민 사업의 수혜자들이다"

가엾은 흑인들! 최소한 말은 솔직하게 하자. 우리가 그대들에게 이토록 관심을 갖는 이유는 그대들이 무한정의 노동력 저장소로 보이기 때문이라는 것을……

— 샤를 레지스망세Charles Régismanset,
『식민지의 문제들Questions coloniales』(1912)

"식민화 덕분에 아프리카인들은 도로, 철도, 병원, 학교를 갖게 되었다." 식민지배의 억압을 정당화하고 싶어 하는 사람들은 필요할 때마다 그런 통념을 논거로 끌어들인다. 역사학자의 경우에는 복잡한 역사 현상들의 '긍정적'이거나 '부정적'인 측면을 판단하는 것이 임무가 아니기 때문에, 역사 현상의 조건과 그 파급효과를 밝혀줄 수 있는 기본요소들을 드러내는 것으로 만족한다. 여기서는 문제를 프랑스령 아프리카로 한정한다.

정복과 뒤이은 영토 개발은 통치와 무역의 필요에 부응하는 효과적인 연결로와 교통수단이 있어야만 가능한 일이었다. 그래서 '내륙 연결 철도'들이 건설되었던 것이다. 식민지마다 주요 항구와 내륙을 잇는 한 개 또는 두 개의 철도 노선이 만들어져 수출품들을 내보내거나 수입 상품들을 분산하는 기능을 했다. 도로들은 철도역과 다른 지역들 간의 연결을 맡았다. 자금조달은 식민 현지의 예산이나 식민지가 상환 책임을 지는 차입금을 통해 이루어졌다. 건설에는 최소한의 비용을 들였고, 대개 강제 노동의 방식으로 모집한 노동력을 활용했다. 철로 건설이든 도로 건설이든 마찬가지였다. 마을에 이르는 길들의 유지·관리는 마을 주민들이 노역을 제공하는 방식으로 이루어졌는데, 때때로 관리들은 원래의 목적과 다른 용도로 주민들의 노역을 활용하기도 했다. 예컨대 보잘것없는 예산으로 도로를 건설하면서, 식량 배급 이외의 다른 급여는 전혀 없이 노역 제공자들을 사용했던 것이다. 따라서 시설 투자는 최소한으로 이루어졌고, 지역이나 식민지 간에 편차도 존재했다. 예컨대 다카르에는 프랑스령 아프리카 유일의 현대적인 항구가 만들어졌다. 2차 세계대전 기간에 자유 프랑스 편에 섰던 프랑스령 적도 아프리카AEF는 지역의 생산품들을 연합국에 보내야 했기 때문에 시설 투자의 지체를 어느 정도 만회할 수 있었다. 뒤이어 모든 식민지 영토에서 교통수단이 개선되긴 했지만, 그 궁극적인 목적은 달라지지 않았다. 예컨대 코트디부아르가 아비장에 심해 항구를 갖게 된 것은 1950년의 일이었다. 다호메이의 코토누에 있는 심해 항구는 독립한 뒤에 건설되었다.

보건 분야의 경우, 기독교 선교단체 같은 민간 투자와 공공투자를 포함해 우선은 본국인이 많이 거주하는 곳들을 중심으로 투자가 이루어졌다. 예컨대 1차 세계대전 직전의 튀니스에는 파스퇴르 연구소 하나와 4개의 병원이 있었지만, 튀니지의 나머지 지역에는 몇 개의 보건소와 의무소밖에 없었다. 흑아프리카도 마찬가지여서 거주 밀집 지역에는 의료지원단체가 지은 여러 개의 병원과 보건소들이 있었지만, 작은 마을에는 순회 의사들이 정기적으로 방문하는 의무소밖에 없었다. 전염병의 확산을 막기 위한 엄격한 조처들이 취해졌는데, 특히 황열병이 주기적으로 맹위를 떨쳤다. 천연두 예방주사 캠페인이 벌어지기도 했다. 그러나 그 효과는 미미했는데, 재원이 부족해 아주 소수의 사람들만이 혜택을 보았기 때문이다. 양차대전 사이에 가

서야, 1923년에 발간된 『프랑스 식민지의 개발La Misen en valeur des colonies françaises』이라는 책에서 알베르 사로Albert Sarraut가 규정한 바 있는 '식민지 개발'의 일환으로, 의료 관련 정책들이 펼쳐지기 시작했다. 그것은 풍부하고 건강한 노동력 생산을 촉진하기 위한 것이었다. 1921년에 식민지 주민들을 대상으로, 다호메이의 일반의였던 스피르Spire 박사가 한 말 속에는 그 점이 분명하게 드러나 있다. "백인들은 야자유가 필요하지만, 백인들이 사는 추운 고장에서는 종려나무가 자라지 않는다. 백인들은 목화, 옥수수 등을 필요로 한다. 그대가 죽는다면 누가 야자나무에 올라가고, 누가 기름을 만들며, 누가 기름을 공장으로 운반하겠는가? 관청은 세금이 필요하다. 그대의 아이들이 살지 못한다면 누가 세금을 내겠는가? 관청에서 의사들을 부르는 데 돈을 쓰고, 백신을 제공해줄 암송아지들을 빌리는 데 돈을 쓰는 이유가 바로 그것이다. 그대가 많은 알곡을 얻기 위해 옥수수 한 알을 심듯이, 정부도 주민들이 많을수록 더 많은 세금을 거둘 수 있기 때문에 약간의 돈을 쓰는 것이다."

전염병과의 싸움도 펼쳐졌다. 식민지 군대의 의사였던 으젠 자모Eugène Jamot(1879~1937년) 박사는 프랑스령 적도 아프리카와 카메룬에서 수면병(트리파노소마병) 퇴치를 위해 노력했다. 그리고 1931년에는 프랑스령 서부 아프리카AOF에 새로 만들어진 전염병 예방 부서의 장이 되었다. 그는 부서 내에 환자들의 추적, 예방접종과 검사를 위한 이동 진료반을 조직했다. 보건 부서에 배당된 재원이 불충분했는데도 여전히 높은 수준이긴 했지만 사망률이 감소하기 시작했다. 2차 세계대전 직전에 식민지에 따라 1,000명당 30~35명 사이였던 사망률이 독립할 당시에는 25~35명 사이가 되었다. 그러나 자연 증가는 늘어나는 경향을 보였고, 1950년대부터는 가속적인 인구 증가 현상이 나타났다.

학교 교육의 경우, 학교 건립과 교육 인력은 늘어났지만 초등교육 보급률, 즉 취학연령대의 인구 대비 취학 인구의 숫자는 낮았다. 1950년대 초에 마그레브 지역의 취학률은 10~12퍼센트였고, 프랑스령 흑아프리카는 지역에 따라 편차를 나타냈다. 식민지에 따라 꽤 차이가 나긴 했지만, 프랑스령 적도 아프리카와 서부 아프리카는 약 5퍼센트 정도로 추산되었다. 유엔이 프랑스에 신탁통치를 위임한 지역인 토고와 카메룬은 각각 18퍼센트와 20퍼센트 정도의 취학률을 보였다. 마다가스카르의 취학률은 23퍼센트가 넘었다. 중등교육을 받는 학생들의 비율도 점차 늘어났고, 지역에 따른 편차는 있었지만 전체적으로 미미한 수준이었다. 중등학교의 수효나 수준도 마찬가지여서, 프랑스령 서부 아프리카의 수도가 있었던 세네갈이 가장 여건이 좋았다. 1950년에 고등학교가 세워진 곳도 다카르였다. 다카르의 고등학교는 1957년에 대학으로 바뀌었는데, 프랑스령 아프리카에서는 유일한 대학이었다. 반면에 대부분의 영국 식민지에는 2차 세계대전 직후에 세워진 대학이 하나씩 있었고, 벨기에령 콩고에는 1954년에 루뱅 대학이 문을 열었다. 결국 독립 직전까지, 프랑스에 가서든 아프리카 현지에서든 고등 교육을 받을 수 있었던 사람들은 소수에 불과했다.

요컨대 사회경제적 기초시설에 대한 투자는 식민 기획 자체에 내재한 불균형을 고스란히 노정하고 있었다. 따라서 아프리카의 지도자들과 주민들의 입장에서는 피지배 지역의 독립을 달성하는 것만이 불평등을 완화할 수 있는 유일한 해법으로 보였다.

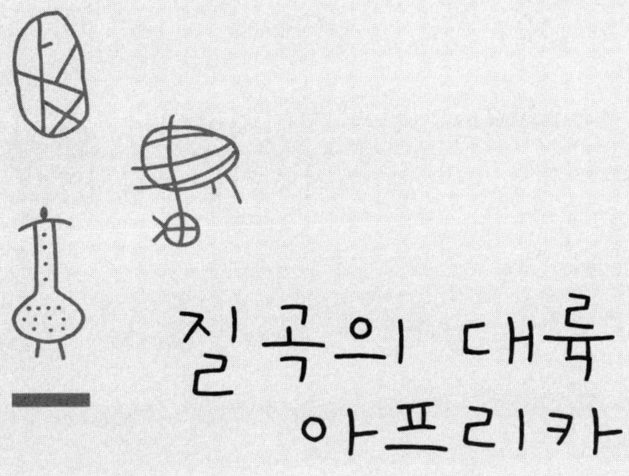

질곡의 대륙 아프리카

편견 10 "아프리카는 식민지화에서 비롯된 악조건을 극복하지 못했다"

편견 11 "아프리카는 폭력의 대륙이다"

편견 12 "아프리카는 빈곤으로 인해 기아와 질병의 위협에 직면해 있다"

편견 13 "아프리카는 민주주의를 할 만큼 성숙하지 않았다"

편견
10

"아프리카는 식민지화에서 비롯된 악조건을 극복하지 못했다"

아프리카에서 …… 미미한 주민 1인당 생산을 산업국가의 수준으로 끌어올리는 것이 가장 일반적으로 받아들여지는 경제개발의 목표이다. 이러한 변화가 실제로 일어난다면 그 기대효과는 지대할 것이다.

— 아프리카를 위한 경제위원회Commission économique pour l'Afrique, 「산업 개발에 관한 보고서rapport sur le développement industriel」(1963)

아프리카의 새 국가들은 독립하면서 괴로운 상황을 물려받았다. 저개발이 식민지에만 국한되지는 않았다 해도, 역으로 식민지는 모두 저개발 상태였던 것이다.

1950년대 말에 아프리카 대륙은 세계 인구의 약 7.5퍼센트가 모여 살았지만 전 세계의 국민소득 중에서 2퍼센트만을 차지했을 뿐이다. 주민 1인당 평균소득은 80~85달러 사이였다. 물론 영토에 따라 차이가 적지 않았다. 예컨대 프랑스어권 아프리카에서도 세네갈은 174달러, 그 이웃나라 모리타니는 53달러였고, 가봉의 240달러는 프랑스의 740달러보다 훨씬 적었다. 나이지리아의 52달러, 가나의 152달러, 영국의 780달러 사이도 역시 차이가 뚜렷했다. 게다가 지역과 사회계층마다 상당한 차이가 있었다.

대다수의 아프리카인은 다양한 형태의 농업으로 살아갔다. 그 비율은 국가에 따라 달랐다. 수단의 구릉지대에서는 심지어 90퍼센트가 넘었다. 그러므로 국가에 따라 식물 위주냐 광물 원료 위주냐는 다르지만 하나같이 1차 산업이 국내총생산의 가장 중요한 부분이었다. 공업은 25퍼센트에 근접한 남아프리카공화국을 제외하면 영토에 따라 3~15퍼센트 사이로서 지극히 미미했다. 반대로 3차 산업, 특히 상업 활동은 생산의 노력에 비해 상대적으로 비대해져 있었다. 식민지 경제는 판로와 투자가 외부에 종속되어 있기 때문에 국제 원료 시황의 변동에 민감했고, 따라서 불안정한 균형이 그 특징이었다.

또한 저개발의 중요한 기준은 식량 부족이었다. 2차 세계대전 이전에 이미 문젯거리로 떠오른 식량 부족은 1952년 『기아의 지정학Géopolitique de la faim』에서 조수에 드 카스트로Josué de Castro에 의해 공식적으로 알려졌다. 1952~1956년에 식량농업기구의 의장을 맡게 되는 이 지리학자는 가용 칼로리와 동물 단백질 섭취량 차원에서 식량 부족 문제를 다루었다. 아프리카인은 평균적으로 하루에 2,500칼로리 미만을 섭취했는데, 당시에 하루 2,500칼로리는 영양실조로 넘어가는 기준량이었다. 하루 섭취량이 2,000칼로리 미만인 벨기에령 콩고와 하루 섭취량이 2,000~2,500칼로리인 프랑스령 서부 아프리카의 주민은 하루에 평균 10그램 미만의 단순 단백질을 소비했고, 하루 섭취량이 2,000칼로리가 안 되는 북아프리카의 주민은 10~20그램의 단순 단백질을, 하루 섭취량이 2,000~2,500칼로리인 남아프리카공화국의 주민은 20~30그램의 단순 단백질을 섭취했다. 이러한 영양결핍은 질병에 대한 개인의 저항력을 약화시켰다. 물론 영양섭취의 측면에서도 사회 상황은 판별의 매개변수였다. 저개발 국가는 1959년 지리학자 이브 라코스트Yves Lacoste에 의해 분석된 다른 여건, 가령 우리가 앞에서 환기한 보건위생의 미비나 낮은 교육 수준에 의해서도 규정되었다.

식민지 지배의 종언에 즈음해 독립 주창자들의 정신 속에 적절한 정치경제학이 분명하게 자리 잡으면서 저개발로부터 빠져

나갈 여지가 생겨났음에 틀림없다. 아프리카 국가들은 서로 다른 선택을 했지만, 어떤 선택의 경우에서건 견인차 역할을 맡은 것은 국가였다. 이집트와 뒤이어 알제리에서처럼 엄중한 계획경제의 틀에 따라 중공업 우위의 '산업화'가 강조되기도 했고, 코트디부아르나 모로코에서처럼 더 자유주의적인 방향에서 외자를 끌어들여 수입대체 산업이 장려되기도 했다. 탄자니아에서는 '아프리카식의 사회주의'에 입각해 '주민 재배치'가 추진되었는데, 농업 개혁에 의해 궁극적으로는 공업화를 추진할 예산이 조달되리라는 기대로 외부 투자는 그다지 절박한 문제로 여겨지지 않았다.

여러 노력을 기울였는데도 성과는 요구에 상응하지 않았다. 제한된 자금력을 감안할 때, 여전히 별로 생산적이지 않은 경제와 가속화된 인구 증가 사이의 괴리를 흐지부지 덮어버리기는 사실상 불가능했다. 경제 구조가 그다지 바뀌지 않았던 것이다. 아프리카는 여전히 원료를 팔아 공산품을 구입했다. 게다가 이러한 불평등 상황은 유럽공동체에 뒤이어 유럽연합과의 연속적인 협정들에 의해 악화되었다. 따라서 산업화된 국가들에 대한 대외 종속이 외채의 증가로 인해 지속·심화되었고, 국가 부채는 그렇지 않아도 과다 출혈 상태의 예산에 부담을 지웠다. 그렇지만 프랑스어권 국가들의 경우에는 통화 안정성이 성공 수단이었다. 프랑스어권 국가들이 변함없이 통합되어 있는 프랑화 권역 내에서 아프리카 재정금융공동체CFA가 영속했다. 이 공동체는 1945년 12월 20일에 창설되었는데, 본국 프랑과 CFA 프랑 사이의 교환율이 처음에는 170 대 100이었다가, 1948년에는 200(1960년부터는 새로운 프랑스 프랑으로 2가 됨) 대 100으로 바뀌었다. 이 비율은 1994년 1월의 프랑화 평가절하까지 유지되었는데, 그때부터 유로가 도입될 때까지 100CFA프랑은 1 프랑스 프랑에 상당했다. 그렇지만 이러한 고정환율은 경기 부침에 대처하기에 적합하지 않았다.

두 차례의 석유파동은 알제리, 콩고, 가봉 또는 나이지리아 같은 산유국에 유리하게 작용했지만, 다른 국가들의 경우에는 에너지 비용을 증가시켰는데, 그 이후 1980년대의 한가운데인 1985년부터 광물과 식물의 일반화된 가격 하락, 세계 시장에서 경쟁력이 낮은 아프리카 제품으로 말미암아 상황이 나빠졌다. 국제적 차원에서의 부채 조정, 그리고 브레턴우즈(1944년 국제통화금융정책 회의가 개최된 미국 뉴햄프셔 주의 도시) 체제의 기구들(상기 회의에 의해 설립된 국제통화기금과 세계은행)이 새로운 구제금융의 대가로 구조조정 계획을 강요했는데도, 아프리카 국가들은 선진국과의 격차를 좁힐 수 없었고, 몇몇 국가의 경우에는 격차가 더욱 벌어졌다. 우리가 1980년 및 1990년의 1인당 국내총생산과 2000~2001년의 1인당 국내총생산을 불변가치로 비교한 결과는 실제로 국가들 사이의 대조적인 변화를 분명하게 보여준다.

- 지속적인 성장: 베냉, 수단
- 완만한 성장: 보츠와나, 부르키나파소, 레소토, 차드
- 1980~1990년의 마이너스 성장에서 그 다음 10년 동안의 플러스 성장으로 변화: 코트디부아르, 가봉, 가나, 말라위, 말리, 모리타니, 모잠비크, 나미비아
- 1980~1990년의 플러스 성장에서 그 다음 10년 동안의 마이너스 성장으로 변화: 콩고, 기니비사우, 세네갈, 스와질란드, 짐바브웨
- 완만하게 하락한 국가: 중앙아프리카공화국, 콩고민주주의공화국(옛 자이레), 감비아, 마다가스카르, 니제르, 르완다, 시에라리온, 남아프리카공화국, 토고, 잠비아
- 현저하게 하락한 국가: 부룬디, 카메룬, 케냐(자료의 부족 때문에 1980년과의 비교가 아니라 1990년과의 비교가 실행되었다. 앙골라와 적도기니는 플러스 성장을 이루었고, 상투메프린시페민주공화국은 마이너스 성장으로 떨어졌다)

그러므로 책임의 문제가 제기된다. 물론 식민지화 이후 세계화는 가장 취약한 약소국들에 불리하게 작용했는데, 이 국가들은 대체로 아프리카에 속해 있다. 실제로 2003년에는 1인당 소득이 가장 낮은 25개 국가 중에서 23개국이 아프리카 국가였다. 게다가 거의 모든 아프리카 지도자가 세습 통치를 강행한 탓에, 저개발이 영속화되었다. 적어도 부분적으로는 경제 및 사회 질서의 구조적 개혁을 시행할 수 있게 해주었을 막대한 예산이 개인적인 치부致富, 사치를 부리거나 위세를 과시하기 위한 투자, 그리고 또 낭비와 부패로 인해 허비된 것이다.

편견
11

“아프리카는 폭력의 대륙이다”

조니는 많은 소년병을 모집했다(여기에서 많다는 것은 대량이라는 뜻이다). 상황이 점점 더 나빠졌기 때문인데, 모든 것이 잘되어가지 않을 때에는 소년병들이 잘 팔리는 법이다. 소년병들은 갈수록 잔인해졌다. 그들은 자기 부모를 죽여야만 받아들여졌다. 이 존속살해를 통해 그들은 모든 것을 버렸다는 것, 조니 코로마Johnny Koroma의 무리 외에는 다른 애착이나 다른 안식처가 지상에 없다는 것을 입증할 수 있었다.

— 아마두 쿠루마Ahmadou Kourouma,
『알라의 책임은 아니다Allah n'est pas obligé』(2000)

정복 전쟁, 식민지의 '평정'과 억압, 두 차례 세계대전에의 연루, 때로는 억지로 받아낸 독립. 한 세기 반 동안 아프리카는 외세의 지배에 내재한 여러 형태의 폭력을 경험했다. 더군다나 남아프리카공화국에서 유색 주민을 대상으로 한 인종분리주의 조치들은 1948년 아파르트헤이트가 자리 잡으면서 체계화되어 혼란 상황을 가중했다. 1992년 아파르트헤이트가 폐기될 때까지 폭동, 흑인 투사들에 대한 투옥과 가혹한 처벌이 잇달았던 것이다.

그렇지만 식민지 지배자들에 의해 강요된 영토 분할은 독립 이후에도 재검토되지 않았다. 1963년 아프리카통일기구OUA 내부에서 당시 국가들은 대륙에서 평화를 유지하기 위해 '국경의 불가침성'을 선언했다. 따라서 영토의 경계를 새롭게 획정하기 위한 분쟁은 드물었다. 몇 가지 예를 들자면 1974~1975년 160제곱킬로미터의 지역을 두고 말리와 부르키나파소 사이에 벌어진 분쟁, 1995~1996년 석유가 풍부한 바카시를 차지하기 위한 나이지리아와 카메룬 사이의 충돌, 1998년 분리 독립 문제로 발발했다가 2000년 6월 협정으로 귀결된 에티오피아와 에리트레아 사이의 알력이 있었다. 마찬가지로 1975년 10월의 '녹색 행진'은 사하라 서쪽의 옛 에스파냐 식민지를 쟁취하려는 모로코의 의지에서 촉발되었는데, 이로 인해 폴리사리오 전선Front Polisario에 뒤이어 이듬해 건국이 선언된 사하라아랍민주공화국RASD과의 대립이 시작되었다. 30년 전에 시작된 이 대결은 우리가 이 책을 쓰고 있는 지금까지도 해결되지 않고 있다.

그렇기는 하지만 아프리카의 지정학적 맥락을 고려하지 않은 식민지 분할 때문에, 분쟁 상황은 이웃 국가들 사이보다 국가 내부에서 더 많이 벌어지는 것으로 드러났다. 몇몇 민족은 여러 본국 사이에서 분할되었던 반면에, 상이하고 때로는 서로 적대하는 별개의 정치적 실체인 주민들이 하나의 영토에 통합되었다. 유럽 국가들의 경우에 국민국가가 되는 데 수 세기가 필요했었는데, 아프리카에서 겨우 몇 십 년 동안에 국민국가가 생겨나는 것이 가능했을까? 식민지화의 결과인 국가들은 자신이 국민국가이기를 바랐으나, 국시國是와 국가國歌를 갖춘 것만으로는 외국에 대해서가 아니라면 공통의 소속감을 키우기에 충분하지 않았다. 지도자들은 분리를 바라는 세력이 두려워서, 곧잘 지역과 민족, 또는 둘 중 어느 하나의 기반에 기댔는데, 이는 국민의 일부에 해가 될 수 있었다. 이러한 상황에서 군대는 예외적인 주축 제도들의 하나이고 게다가 견고하게 조직화되었기 때문에, 많은 국가에서 군사 쿠데타가 일어났다. 첫 번째 군사 쿠데타는 1963년 토고에서 발발했다. 군인들은 자력으로나 민간인들과 협력해 강한 권력을 확보해 공고화했다. 정치가 어느 정도 안정된 다른 나라들 또한 독재 체제로 나아갔다. 도처에서 국가의 우두머리는 유일 정당에 기대어 강권 통치를 이어갔고, 조그마한 항의의 기미만 있어도 국제사면위원회의 보고서가 보여주듯이 때로는 매우 심하게, 심지어 이디 아민 다다Idi Amin Dada의 우간다나 보카사의 중앙아프리카 제국에서는 잔인하게 진압되었다.

그렇지만 저항이 일어나곤 했다. 비아프라 전쟁(1967~1970년)이 벌어진 나이지리아, 카자망스의 분리 독립을 주장하는 자들의 투쟁이 22년 동안 전개되다가 2004년에 협정이 조인된 세네갈에서처럼 얼마 되지는 않지만 분리주의 시도들이 정부 세력에 의해 실패로 돌아갔다. 가장 많은 경우는 중앙권력을 장악하려는 것이었는데, 때때로 내전이 초래되었고 위협을 느낀 정부는 이를 반란으로 규정했다. 이러한 관행은 특히 옛 벨기에령 콩고에서 독립 직후에, 그리고 30년 후 차드, 브라자빌 - 콩고, 시에라리온, 라이베리아, 코트디부아르에서 나타났고, 수단에서는 2005년 협정으로 내전이 끝날 때까지 21년 동안 지속되었다.

과연 대부분의 분쟁이 아프리카에 집중되어 있는 것일까? 그 비율은 시기에 따라 다르다. 예컨대 2004~2005년 전 세계를 통틀어 총 14개 분쟁지역 중에서 아프리카는 네 국가가 무장 투쟁에 휩싸였다. 다른 곳처럼 분쟁은 몇 달 동안 지속되거나 여러 해, 심지어는 몇 십 년 동안 이어진다. 그렇지만 평화적인 타결이 이루어지기도 한다. 예컨대 에티오피아와 에리트레아 사이에서는 1998~2000년에 전쟁이 벌어지지만 2004년 11월 평화협정이 체결되었고, 세네갈에서는 2004년 12월 카자망스의 민주주의 세력 연합과 정부 사이에 전반적인 평화협정이 조인되었다. 게다가 2004년 6월 3일 코토누에서 개최된 아프리카의 회회담에 의해 채택된 선언은 '기본 인권의 존중'에 입각해 난민 문제를 해결하려는 의지의 증거이다.

그렇다면 아프리카 대륙은 다른 대륙보다 더 폭력적이라는 일반적인 관념이 어떻게 영속하는 것일까? 그 책임은 대부분 대중매체에 의한 정보 취급에 있다. 나탈리 모노-상송Nathalie Monnot-Sanson(파리 1대학의 박사예비과정)은 1970~1980년대 프랑스 텔레비전 방송에서 아프리카가 언급된 사례들에 관해 체계적인 연구를 수행했는데, 이 연구가 보여주듯이 아프리카는 잡지들에서만큼 프랑스의 주요 채널들에서 편성한 텔레비전 뉴스에서도 미미하게 다루어졌을 뿐이다. 절반 이상을 차지하는 지리와 동물 관련 주제 이외에 다른 주제들에 관해서도 거의 언제나 대재앙이 거론되었다. 특히 무장 투쟁은 월등하게 자주 언급되었다. 반대로 성공 사례의 소개는 거의 예외적이었다.

이러한 여건은 그 후에도 그다지 변하지 않았다. 전쟁은 변함

없이 아프리카에 관한 언급의 주요한 부분이고 여전히 '부족' 전쟁으로 규정되고 있다. 마치 이 대륙에서의 모든 것을 설명하는 데에는 이 표현으로 충분하기라도 한 듯하다. 반면에 중동이나 발칸 또는 중앙아시아에서의 내전에는 이 표현이 결코 사용되지 않았다. 아프리카인들이 서로 싸우는 데에는 민족이나 지방주의 또는 '부족'의 이익과는 다른 것이 원인으로 작용할 수 있다는 사실을 밝히는 것은 통념의 테두리를 벗어나서인지 그다지 기자들의 관심을 끌지 않는 듯하다. 이미지와 논평은 주로 텔레비전 시청자에게 강한 인상을 주는 양상에 집중된다. 텔레비전 시청자는 무엇보다도 난민과 전투에 의한 희생자의 실제적인 불행에 충격을 받고, 르완다에서 투치 족이 집단학살을 당하는 동안이나 브라자빌 - 콩고와 옛 자이레에서 내전이 벌어질 때 자행된 가혹행위, 또는 시에라리온이나 라이베리아에서 벌어진 소년병들의 행위에 정당하게 분개한다. 마치 다른 곳에는, 예컨대 비교적 최근의 한 사례만을 들자면 옛 유고슬라비아에는 야만이 실재하지 않았기라도 한 듯하다!

편견
12

"아프리카는 빈곤으로 인해 기아와 질병의 위협에 직면해 있다"

제기되기 시작하는 참되고 중요한 문제는 다음과 같다. 아프리카인들을 덮치는 온갖 대재앙에도 아프리카인들이 여전히 존재하는 것은 어찌된 일일까? 7억 5,000~8억 명에 이르는 남자, 여자, 어린이가 왜 모두 죽지 않는 것일까? 환자가 가죽처럼 질긴 것이다.

— 코피 얌냔Kofi Yamgnanes,

『우리는 함께 성장할 것이다Nous grandirons ensemble』(2002)

구매력과 등가인 1인당 국내총생산이 세계에서 가장 낮은 35개 국가 중에서 마다가스카르와 코모로연합을 비롯해 25개국이 아프리카에 속한다. 이는 아프리카 국가들의 거의 절반에 해당한다. 1인당 국내총생산 이외에 기대수명과 성인의 문자교육률, 취학률을 가중하면서 국제연합개발계획PNUD에 의해 계산된 인간개발지수IDH(최대치가 1임)를 검토한다면 결과는 훨씬 심각하다. 게다가 이 최대치는 2002년의 조사에 포함된 177개국 중 어느 나라에서도 달성되지 않고 있다. 1위는 0.956에 이른 노르웨이이다. 그런데 수치가 가장 낮은 35개국 중에서 32개국이 아프리카에 속한다. 이는 아프리카 국가 전체의 68퍼센트에 달한다. 그러므로 아프리카는 가난한 국가가 가장 많이 모여 있는 대륙이다.

설상가상으로 그렇지 않아도 두드러진 편차가 더 벌어질지 모른다. 오랫동안 내전이 맹위를 떨쳐 목록에서 최하위 국가가 된 시에라리온은 제쳐놓고 끝에서 두 번째인 니제르를 봐도, 아프리카 국가들 중에서는 선두이지만 58위로 순위가 매겨진 리비아와의 편차는 1에서 2.7로, 알제리(108위)와는 1에서 2.4로, 남아프리카공화국(119위)과는 1에서 2.3으로, 카메룬(141위) 및 토고(143위)와는 1에서 1.7로, 그리고 단순히 비교를 위해 추가컨대 프랑스(16위)와는 1에서 3.2로 벌어진다. 또한 각 국가 내에서도 다양한 사회계층 사이에 산정하기 어려운 상당한 차이가 실재한다는 점을 강조할 필요가 있다. 기대수명은 1990년대부터 감소했고, 이 점에서 1990년대는 이 동향이 증가에서 감소로 두드러지게 역전되는 시기이다. 1980년에는 기대수명이 남자의 경우 48년, 여자의 경우에는 51년이었던 것이 1990년에는 각각 51년과 54년으로 늘어나지만, 2004년에는 국가에 따른 놀랄 만한 차이를 감안하더라도 50년과 52년에 지나지 않는다. 남아프리카공화국은 변화가 특히 뚜렷한데, 1990년 이전까지만 해도 증가했던 기대 수명이 1990~2004년 사이에 남자의 경우에는 56년에서 44년으로, 여자의 경우에는 64년에서 47년으로 감소한다. 그렇다 해도 인간개발지수는 지속적으로 향상되고 있다.

인간개발지수와 다른 매개변수들도 유아 사망률처럼 주민의 생활수준을 추정하는 데 고려될 수 있다. 유아 사망률은 (세계 평균이 1,000명당 57명이고 유럽 평균은 10명 미만인 점에 비추어) 여전히 높은 상태이지만 1980년에 1,000명당 115명이었다가 1990년에는 96명, 2004년에는 79명으로 눈에 띄게 낮아졌다. 이와 마찬가지로 식수난도 1985년에는 평균 58퍼센트의 아프리카인들이 여전히 겪고 있었으나 1990년에는 42퍼센트로, 2002년에는 36퍼센트로 줄어들었다. 또한 위생 시설, 에너지, 통신 등에의 접근을 내세울 수도 있을 것이다. 그렇지만 아프리카에 대한 일반적인 판단을 뒷받침하는 요소는 무엇보다도 기아의 공포 및

VIH/에이즈의 위협과 함께 식량 문제와 보건위생이다.

오래전부터 아프리카의 몇몇 지역은 기아와 흉작을 겪었는데, 이는 1982년 모니크 샤스타네Monique Chastanet가 아프리카 서부의 소닌케 마을들의 경우에서 잘 보여주었듯이 기후 현상이나 메뚜기의 대량 내습 같은 다른 재해들과 관계가 있다. 오트볼타(현재의 부르키나파소)는 식민 시기에 1923년의 심한 가뭄과 그 이듬해의 기아를 겪었고 1931년에도 이러한 상황이 되풀이되었다. 니제르는 1941~1943년 동안 이어진 가혹한 기아의 타격을 받았다. 다른 사례들도 얼마든지 끌어올 수 있을 것이다. 독립 직전부터는 그렇지 않아도 어려운 식량 사정이 더욱 악화되었다. 자연 조건에서 기인한 불안정에다 전쟁으로 인한 피해는 말할 것도 없고 인구 증가의 압력에 따른 불가피한 토지의 마모, 산림 개간의 증가로 인한 사막화 또한 진행되었기 때문이다. 가령 여러 차례 에티오피아(1973~1974, 1978, 1984, 1997, 2000년), 수단(1994년), 소말리아(1992, 1999년), 니제르(2005년 11월) 등에서와 마찬가지로, 1969~1974년 사이에 가뭄의 타격을 받은 사헬의 나라들에서도 심각한 위기가 불거졌다.

기아는 북반구 나라들에서 1990년에 제창된 "소말리아를 위한 쌀"을 비롯한 구호들로 여론을 불러일으키기 위해 자주 활용된다. 2003년 4월 27일 국립공예원CNAM에서 '삶의 안식일들'

이라는 단체에 의해 "아프리카에서 기아가 일어날 것 같다, 어떤 반응? 어떤 개입 가능성?"이라는 제목으로 개최된 그 강연-토론에서처럼, 기아는 대중의 관심을 끄는 것으로 여겨진다. 대재앙을 환기하고 단순화하는 이 '기아'라는 말은 영양불량, 영양실조, 기근, 흉작 사이의 혼동이 유지되는 방식을 잘 나타낸다. 이것들은 긴급조처를 요하는 경제 상황에서 발생하는 반면에 — 이는 2004년 12월 23개 아프리카 국가에서의 사태이다 — 다른 것들은 구조적 원인들에서 기인한다. 구조적 원인들을 해소하기 위해서는 관련 국가들에서의 철저한 개혁 실행, 국제적인 개발원조 목표들에 대한 재검토가 요청된다. 사실 저명한 전문가들이 참석한 가운데 베르나르 쿠슈네르Bernard Kouchner에 의해 진행된 회의는 식량 및 보건위생의 상황이 현재는 물론 미래에도 위급하다는 것, 그러나 지리학자 이브 라코스트에 의하면 "아프리카에 대한 극단적 비관론에 섬세한 변화를 주어야" 한다는 것을 보여주었다. 여러 사실을 뭉뚱그림으로써 결국 정보를 조작한 셈이 되지 않았을까?

실제로 몇몇 국가는 식량의 자급자족을 달성하고 있다. 예컨대 에티오피아에서는 최근에 토지 개간에 힘입어 경작지가 넓어졌다. 21세기의 처음 몇 년 동안 풍작을 거둔 탄자니아와 케냐의 정부 당국은 2002년 유전자조작농작물OGM의 원조를 거부한 잠비아에 천연 흰 옥수수를 보내겠다고 제안했다. 그 후로 잠비아는 곡물 수확량이 국내 수요를 충족하고도 남았고, 그래서 남부 아프리카의 여러 지역으로 곡물을 수출했다. 다른 한편으로 2004년 6월 우아가두구에서 부르키나파소 및 미국 정부의 주도로 회의가 소집되었을 때, 부르키나파소, 말리, 니제르 같은 다른 국가들은 이러한 자급자족에 이르기 위해 유전자조작농작물을 농업에 도입하는 데 찬성을 표했지만, 그 국가들에서도 시민사회 기구들은 신중한 결정을 줄기차게 권고했고, 19개 아프리카 국가와 4개 비非아프리카 국가(캐나다, 에스파냐, 네덜란드, 영국)의 대표자들이 모인 세미나에서는 이미 표명된 입장이 재천명되기도 했는데, 그 세미나의 결론은 2005년 나이로비 선언에 담기게 되었다. "〔우리는〕 식량 원조, 연구 계획, 상업적 도입의 형태로 유전자조작농작물을 아프리카에 방출하려는 어떤 시도도 거부한다. 우리는 현지에서 생산된 식량의 공정하고 정의로운 분배가 우리의 굶주림 문제들 중 많은 것에 대한 해답이라고 믿는다." 따라서 그들은 각국 정부에 유전자조작농작물을 추호도 허용하지 않는 법적 장치를 마련하라고 촉구했다.

한편 식량 부족에 직면한 인류의 취약성은 질병을 마주할 때 온전히 드러난다. 식량 부족의 측면에서 VIH/에이즈는 불가항력의 재앙으로 간주된다. 실제로 아프리카는 2005년 말에 세계에서 확인된 감염 사례의 거의 3분의 2를 차지하고 있다. 결과는 심각하고, 이에 따라 2006년 인류학자 로랑 비달Laurent Vidal이 말하듯이 "새로운 가족 지형을 생각하지" 않을 수 없는데 "새로운 가족 지형 자체는 건강, 노동, 교육에 대한 새로운 관계를 시사한다". 다시 말해 많은 사회들이 영양섭취, 학교 교육의 보급, 의료의 시행 중 어디에 우선권을 둘지를 결정해야 한다. 게다가 에이즈 때문에 결핵이 다시 만연했다. 그렇지만 아프리카 대륙에서는 말라리아가 집단사망의 으뜸가는 원인이므로 – 5세 미만의 어린이 20명 중 1명이 말라리아로 죽는 듯하다 – 국가계획의 구상, 그리고 2000년 나이지리아의 아부자에 모인 44개국 정상에 의한 참여의 재확인과 함께 세계보건기구의 노력으로 이 질병에 대한 대책이 1990년대부터 마련되어왔다. 그러나 보건부서가 모든 업무를 떠맡지는 못하고 있다. 사실상 공공보건예산은 미미하고, 시설은 흔히 낡았고, 종사자들은 대규모 센터들에 몰려 있는 등 미비점이 많다. 민간 부문은 국가에 따라 그 활동의 정도에 차이가 많고, 몇몇 지역에서 확립된 공동체 출자 체제의 혜택은 한정된 집단들에게만 돌아갈 뿐이다. 또한 보건 서비스에 접근할 수 있는 개인의 비율은 1985년의 61퍼센트에서 1991년의 66퍼센트, 그리고 이후 10년 동안의 평균 67퍼센트로 그다지 증가하지 않았다.

일반 의약품에 접근할 전망은 2003년 12월 9일 남아프리카 공화국에서 제약회사들과 에이즈 퇴치 활동가들 사이에 협약이 체결되고부터 더 넓어졌고, 이에 따라 일반 의약품을 현지에서 생산해 사하라 이남 아프리카의 다른 47개국으로 수출할 가능성이 생겼다. 게다가 많은 국가에서 다양한 방식의 정보에 의해 예방조치를 확장함으로써 미약한 자금력을 일시적으로나마 모면하려는 시도가 이루어지고 있다. 말리에서는 도로변에 광고판이 설치되기도 하고, 차드에서는 학생들이 사용하는 공책의 등에 "얘야, 에이즈로 네 학창시절을 망치지 마라"라는 시사성 짙은 제목의 '큰형의 편지'가 인쇄되기도 한다. 공공보건부 장관이 서명한 이 글은 정보를 주고 조언을 하고 결론을 맺는다. "친애하는 젊은이, 나는 네가 삶을 사랑한다는 것을 알고 있다. 네 생명은 너와 네 가족에게 중요하다. 네 생명은 국가에도 소중하다. 에이즈로부터 자신을 지켜라. 나는 네 큰형으로서 어떤 것도 네게 숨길 것이 없다. 에이즈는 정말로 실재하고 큰 피해를 입힌다. 네 학창시절을 망치지 않으려면 에이즈를 피하라." 정치적 의지에 의한 위험의 의식화는 앙골라, 세네갈, 말리 또는 차드에서 에이즈의 확산을 억제하기에 이르렀다.

그러나 약간의 개선이 이루어졌는데도 본질적으로 수요에 비해 투입 자금이 부족하기 때문에, 상황은 여전히 불안정하다.

편견
13

"아프리카는 민주주의를 할 만큼 성숙하지 않았다"

서양식 민주주의 체제는 이론상 개인의 완전한 자유와 시민의 평등에 기초하고 있다. 아프리카에는 이러한 서양식 민주주의 체제가 어떠한 사전 학습도 없는 상태에서 느닷없이 도입되었다. 그런데 아프리카 국가들에는 성격이 그다지 분명하지 않고 일반적으로 다소 여러 층으로 이루어진 조직체들이 실재한다. 이 사실을 알고 있는 많은 편파적인 관찰자들은 아프리카로의 서양식 민주주의의 도입을 시기상조로 여겼다.

— 앙리 라부레Henri Labouret, 『식민지화, 식민주의, 식민지 해방Colonisation, colonialisme, décolonisation』(1952)

식민지 전문가들은 앙리 라부레처럼 아무리 식견이 풍부한 전문가들조차도 아프리카인들에게 민주주의는 '시기상조'라고 간주했다. 이러한 관념은 독립 이전까지 존속했고 오늘날에도 여전히 아프리카를 포함해 세계 곳곳에서 많은 정치가와 지식인에게 남아 있다. 그런데 이러한 가치판단은 전적으로 주관적이다. 모든 사전에 민주주의가 정의되지만, 한 민족의 성숙도를 평가하기 위한 기준은 그 무엇도 제시되지 않기 때문이다. 그러므로 사전의 학습을 통과할 필요성, 즉 앞에서 이미 환기되었고 때로는 오늘날 재확인되는 이 필요성은 식민지화 상태에서의 지배와 통제, 그리고 또 식민지화의 뒤를 이은 국가들에서의 강압적인 통치를 정당화하기 위한 지연의 논거로 보일 뿐이다.

이와 마찬가지로 "수출되어서는 안 된다"라고 하는 민주체제의 합당한 보편성에 대한 회의는 자유와 법치국가에 대한 아프리카인들의 갈망을 인정하지 않고 그들을 조상 전래의 '민주적' 관습으로 돌려보내는 경향이 있다. 아프리카인들의 민주적 관습은 합의에 이르기 위한 촌락 단위의 집회를 토대로 했을 텐데, 이는 프랑스와 아프리카 사이의 관계를 주제로 장-미셸 지앙 Jean-Michel Djian이 2005년에 촬영한 영화 〈항상 붙어 다니는 커플 Un couple inséparable〉에서 특히 미셸 로카르라는 등장인물이 표명하는 단언이다. 이 영화에서는 몇몇 관행이 아프리카 전체로 일반화될 뿐 아니라 그 소개 방식이 좋다고 할 수도 없다. 어원이 아프리카와 무관한 낱말, 즉 '촌락 단위의 집회'는 우선 유럽인들에 의해 아프리카 군주들과의 관계를 규정하기 위해 사용되었다. 나중에 이 표현은 아프리카인들 사이의 끝없는 논의라는 의미를 띠게 되었는데, 아프리카인들은 어떤 문제가 생기면 '집회의 나무' 아래 모여 한없이 논의만 계속한다는 것이다. 나무 아래가 아닌 다른 장소가 그러한 목적으로 선택될 수 있다는 사실은 언급하지도 않고, 그 토론을 그저 '길고 지루한 이야기'로 규정하는 것은 이 용어에 의해 토론의 실효성이 거의 없는 것으로 간주되면서 급기야는 경멸의 뜻을 내포하는 것으로 드러난다. 또한 이를 실천하는 사회들에서도 몇 가지 능력을 갖춘 집단들 내에서만 실행되었을 뿐 논의에 참여하지는 않고 논의에 순응해야 하는 주민의 무리 속에서는 합의 추구를 실천할 수 없었다. 따라서 예로부터의 '민주적' 형태들에 관해 말하는 것은 언어의 남용인 것으로 보인다.

독립을 획득한 아프리카 국가들은 독재체제로 나아갔다. 다양한 사회계층(젊은이, 여성, 조합 등)을 관리하기 위해 대개의 경우 유일 정당과 그 당연한 귀결에 기댄 아프리카 국가들은 자유로운 정치적 표현의 여지를 조금도 남기지 않았다. 반체제 인사들은 마침내 약식 처형에까지 이를지 모르는 형벌제도에 의해 잔혹한 탄압을 당했다. 선거는 실행되었을지라도 시늉에 불과했고, 의회제도는 유지되었을지라도 국가의 우두머리와 유일 정당의 이익에만 봉사하는 속빈 허수아비에 지나지 않았다. 야당은 침묵하거나 달아났고, 때로는 외국에서 저항 단체의 조직을 시도했다.

그렇지만 1990년대가 끝나갈 무렵 베를린 장벽의 붕괴와 중앙유럽 및 동유럽에서의 공산주의 몰락에 의해 특징지어진 국제관계의 맥락에 따라, 많은 국가에서 민주화 과정이 확산되었다. 게다가 국제금융제도는 구조조정계획PAS을 실행하고자 하는 국가들에 대해 올바른 거버넌스(통치나 지배와는 달리 지구 사회의 관리 운영, 자치의 뜻을 포함하고, 개인과 조직, 사와 공이 공통의 문제에 대처하는 여러 가지 이해조정적이고 협력적인 방법의 총칭)의 실천을 권유했다. 1988년 10월 4일 알제리, 그리고 1989년 말 사하라 이남 아프리카에서의 선언 직후에 시작된 이러한 동향은 그 다음 2년 동안 가속화되었다. 1990년 6월 라 볼에서 프랑스 대통령 프랑수아 미테랑François Maurice Marie Mitterrand은 한 연설을 통해 프랑스어권 국가들에 대해 이러한 길로 접어들 것을 촉구했다. '마르크스 - 레닌주의'를 표방했던 아프리카 국가들이 모잠비크(1989년 7월), 앙골라(1991년 5월), 콩고나 베냉처럼 이 이데올로기를 포기했다. 1992년 5월에는 다카르에 모인 42개

아프리카 국가의 대표자들이 "민주주의란 보편적인 것임을 엄숙히" 선언했고, 정부는 민주주의로의 이행을 보장해야 한다고 선언했다.

민주주의를 위한 투쟁은 흔히 사회복지의 요구에 의해 촉발되었는데, 이 요구는 곧바로 정치화되었다. 젊은이, 특히 고등학생과 대학생이 시위에 가장 적극적이었다. 그들은 파업, 심지어 폭동의 발발을 두려워하지 않았다. 그렇지만 기성 체제에 대한 항의는 일반적으로 법률존중주의의 양상을 띠었고, 급기야는 정당, 단체, 종교집단, 지역 공동체의 대표자들이 참석하게 되어 있는 '전국적인 규모의 회의' 개최를 요구하는 것으로 변화했다. 이 같은 협의 방식은 1990~1992년 사이에 여러 아프리카 국가에서 전개되었다. 몇몇 국가에서는 권위 있는 성직자들, 가령 베냉에서는 수자Souza 주교, 콩고에서는 콤보Kombo 주교, 가봉에서는 음베Mvé 주교, 토고에서는 사누코 크포즈로Sanouko Kpodzro 주교, 옛 자이레에서는 모센고Mossengo 주교가 활동을 주도했다. 또한 니제르, 마다가스카르, 차드 등에서도 회의가 열렸다. 반대로 케냐의 대통령 다니엘 아라프 모이Daniel Arap Moi는 회의 소집의 요구를 들어주지 않았다.

새로운 헌법이 마련되어 국민투표에 붙여졌다. 유일 정당에 의한 지배가 포기되었고 다원주의적 자유선거가 조직되었으며

자유, 특히 표현의 자유가 복원되었다. 신문 발행이 잇달았고, 풍자만화와 자유로운 의사 표현의 지면이 신문에 마련되었으며, 그때까지 대중매체를 공식 정보의 전달에만 한정했던 검열과 규제가 종언을 고했다. 노동조합운동은 자율적인 것이 되었고 더는 국가에 종속되지 않았다.

그렇지만 제도화가 급속하게 수행되었다 해도 그 적용은 더느린 법이다. 게다가 민주화는 상이하게 전개되었고, 때로는 다당제 확립으로 한정되었다. 다당제가 도입되었다고 하나, 예컨대 코트디부아르의 우푸에 - 부아니 같은 지도자들은 자신의 권력을 강화하기 위한 전제적인 관행을 그만두지 않았다. 토고에서는 민주화 과정이 폭력적으로 중단되었다. 대통령 에야데마Éyadéma가 정권을 유지하기 위해 프랑스 장교들에 의해 양성된 군대에 기댔던 것이다. 자이레에서는 민주화 과정이 내전으로 변질되기도 했다. 또한 르완다, 우간다, 니제르 또는 라이베리아처럼 민주화 과정이 민족적이거나 지방주의적인 긴장의 맥락 속에서 전개된 여러 국가에서도 민주화 과정에서 내전이 일어났다. 그렇지만 베냉, 말리 또는 보츠와나 같은 여러 국가에서는 법치국가의 정상화라는 방향으로 진전이 이어졌다. 마찬가지로 라이베리아는 오랫동안 내전에 휩싸여 있다가 2006년 2월 아프리카 최초의 여성 국가원수 엘렌 존슨 서리프Ellen Johnson Sirleaf

를 선출했다.

올바른 거버넌스의 적용은 민주주의의 작동을 왜곡하는 부패와 인기전술의 관행에 대한 고발을 불러왔다. 누구나 다 알고 있는 이 사실상의 상태는 이로부터 폭넓게 이익을 얻는 권력자들에 의해 오랫동안 감춰지거나 심지어 부정되기까지 했다. 이제는 부패가 고발되고 있다. 가령 아프리카개발은행은 2005년의 보고서에서 "서열의 꼭대기에 뿌려지는 막대한 금액에서 조력의 대가로나 규제에서 빠져나가기 위해 지방 공무원에게 슬그머니 건네지는 푼돈까지 온갖 층위에"(199쪽) 부패가 편재한다는 것을 확인하고 있다.

부패에 맞서 싸우기 위해, 2003년 7월 마푸토의 아프리카연합 정상회담에서는 부패에 대한 예방과 투쟁에 관한 협약이 채택되었다. 이 협약은 국가들의 내부에서와 때때로 엄청난 부패를 조장하는 외국과의 관계에서 암묵적으로 유지되어온 관행에 근본적인 변화를 기하자는 것이다. 일상적인 것의 변화로 말하자면, 그 성공 여부는 정치적 의지에 의해 결정될 뿐 아니라, 공무원이 자신의 행정 서비스에 대해 대가를 챙기지 않도록 공무원에게 급여를 지불할 각 국가의 역량에 달려 있기도 하다.

그러므로 고유한 특성을 내보이는 '아프리카식의 민주주의'가 아니라 민주주의의 이념과 법치국가에 밀접하게 관련된 실천을 상이한 방식으로, 그리고 다소간 엄정하게 적용하는 국가들이 있다고 거침없이 단언할 수 있다.

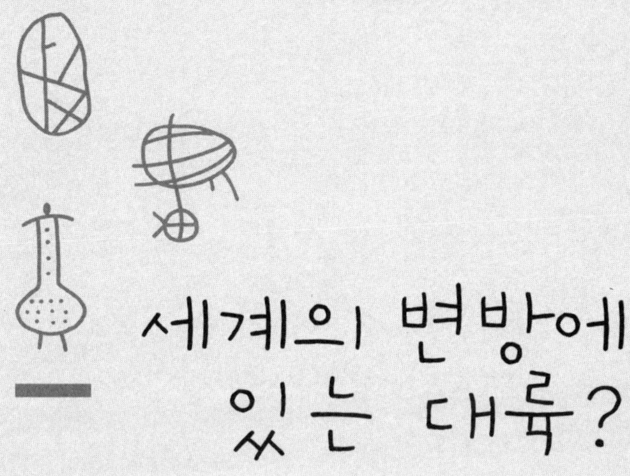

세계의 변방에 있는 대륙?

편견 14 "프랑스는 아프리카에서 신식민주의 정책을 펴고 있다"

편견 15 "국제무역에서 아프리카의 위상은 미미하다"

편견 16 "아프리카는 국제원조로 먹고산다"

편견 17 "세계의 다른 지역은 흑아프리카에 관심이 없다"

프랑스어권 아프리카

프랑스 식민지 제국, 뒤이어 1946년부터는 프랑스연합에 통합된 프랑스령 아프리카는 당시에 다양한 요소로 구성되어 있었다.

• 알제리는 총독의 책임하에 놓인 세 곳의 도 가운데 특별한 경우로서 내무부의 관할 지역이었다.
• 튀니지(1881~1883년)와 모로코(1912년)는 프랑스 보호령으로서 이론적으로 군주와 그 조직을 유지했지만, 프랑스 대통령에 의한 통제가 가장 높은 수준으로 확보되어 있었고, 프랑스인들이 지방 공무원의 절반을 차지했는데, 그들은 외무부 소속이었다.
• 흑아프리카의 식민지들은 두 개 연방으로 조직되었다. 하나는 1895년에 창설되고 1904년에 재편성된 프랑스령 서부 아프리카AOF였고, 다른 하나는 1910년에 설립된 프랑스령 적도 아프리카AEF로서 각각 (제각기 다카르와 브라자빌에 주재하는) 총독을 두었다. 총독부는 1946년에 해외 프랑스부가 된 식민지부와 상이한 산하 식민지들 사이의 매개 기구였다. 가령 프랑스령 서

부 아프리카는 코트디부아르, 모리타니, 니제르, 세네갈, 프랑스령 수단, 그리고 또 국제연맹SDN에 의해 프랑스에 위임되고 국제연합ONU에 의해 프랑스의 신탁통치에 맡겨진 옛 독일 식민지 토고로 구성되었다. 카메룬은 동일한 조건으로 프랑스령 적도 아프리카에 편입되었는데, 프랑스령 적도 아프리카는 가봉, 중 - 콩고, 우방기 - 샤리, 차드를 포괄했다. 우두머리로 (1937년까지 총독대리로 불린) 총독을 둔 각 영토는 권역(AOF)으로나 관할구역(AEF)으로 세분되었다. 민간인일 때에도 군대 지휘권을 갖기 때문에 일반적으로 사령관이라 불린 행정관이 권역과 관할구역을 다스렸는데, 이는 당시에 가장 일반적인 사례였다. 구역이 유별나게 넓은 곳에서는 이 행정관이 자신의 책임하에 하위 지역을 맡는 보좌관들을 둘 수 있었다. 그들은 모두 프랑스 공무원이었다. 주기적으로 약 5년마다 식민지 감독국이 전체를 점검했다. 식민지 감독국은 장관의 지시를 받았고 그 구성원들, 즉 일반 감독관들은 현 구성원이 신입 구성원을 지명하는 방식으로 충원되었다. 그들은 조사에 관한 한 매우 폭넓은 권한을 행사했다.

- 1896년에 식민지가 된 마다가스카르 또한 타나라리브의 총독에 의해 통치되었다.

가스통 데페르 기본법 또는 법률에 힘입어 변화가 일어났는데, 이로 인해 1956년 6월 내치의 자율체제가 확립되었고, 보통선거에 의해 선출된 아프리카 인물들이 여전히 프랑스 총독으로서 지방 정부를 떠맡게 되었다.

샤를 드골Charles de Gaulle 장군의 집권은 제5공화국의 테두리 안에서 프랑스 공동체의 창설로 이어지는데, 이 공동체는 1958년 9월 28일 프랑스에서, 그리고 바로 독립하게 된 기니를 제외한 아프리카와 마다가스카르 국가들에서 국민투표에 의해 승인되었다. 당시에 국가들은 완전한 자치권을 부여받았지만, 대외 정책은 여전히 프랑스의 관할하에 있었다. 뒤이어 아프리카 국가들은 '쇄신되어' 더는 '프랑스적'이지 않은 공동체에 대한 프랑스의 제안에 동조하기보다는 오히려 독립을 얻고자 했다.

따라서 1960년은 사하라 이남의 프랑스 영토에서 아프리카의 독립이 이루어진 해이다. 북아프리카에서는 1956년 모로코와 튀니지가 독립했다. 알제리는 1962년에 주권을 획득했다.

중급과정 교과서에 실린 아프리카 지도(1917년)

자료: H. 르 레아프H. Le Léap · J. 보드리요J. Baudrillaud, 『프랑스, 본국과 식민지 La France, métropole et colonies』(Delagrave, 1917).

편견
14

"프랑스는 아프리카에서 신식민주의 정책을 펴고 있다"

드골은 벽에 '박애'라는 말을 쓰기 위해서가 아니라 아프리카에서 프랑스의 영향력이 띠게 될 새로운 형태를 규정하기 위해 식민지 해방자로 나섰다.

— 스타니스라스 스페로 아도트비S. S. Adotevi,
『드골과 아프리카인들De Gaulle et les Africains』(1990)

아프리카에서 독립 이래로 프랑스가 영향력을 발휘하고 개입하는 형태는 차례로 이어진 프랑스 정부에 의해 떠받쳐진 흔히 강압적이고 심지어는 독재적인 체제에 대해 아프리카와 다른 곳에서 저항 활동을 하는 이들의 비판을 불러들였다. 종속 관계를 유지하고자 한다고 비난받고 '아프리카의 헌병'이라는 별명으로 불리는 프랑스는 다른 옛 식민지 지배자들과는 달리, 자기 식민지 영토에서 태어나거나 그렇지 않은 국가들을 포함해 프랑스어권이라는 '세력권'의 안주인으로 보인다. 이러한 유형의 태도는 주권을 갖게 된 국가들에 권력을 이양할 때부터 나타나기 시작했다. 이 조직체의 '그늘'에 숨은 십장들의 하나는 드골 장군과 뒤이어 조르주 퐁피두Georges Pompidou의 엘리제궁에서, 그리고 나중에 1986~1988년에는 자크 시라크Jacques Chirac 수상의 관저 마티뇽에서 아프리카와 마다가스카르 담당 사무총장을 역임한 자크 포카르Jacques Foccart였다. 정보원들의 조직망 덕분에 영향력이 있었던 그는 프랑스의 패권을 유지할 목적으로, 아프리카의 국가원수들이 독재 체제를 정착시켰을 때조차 그들에게 계속 권좌를 맡기기 위한 프랑스의 개입을 권고했는데, 관련 국가들에서 야당은 이를 문제로 삼곤 했다. 사하라 이남 아프리카 국가들과의 관계는 2000년, 즉 다른 모든 나라의 경우처럼 외무부에 통합된 해까지 해외협력부에 의해 담당되었으므로 특수 취급 대상이었다. 이는 명백한 사실이다.

그 분야에서 드골 장군에 의해 실시된 정책은 프랑스와 갓 주권을 얻은 국가들 사이의 쌍무 협정, 그리고 또 최고위층의 만남에 기초를 두고 있었다. 주도권은 드골의 후임자들에 의해 오늘날까지 계속되었고, 프랑스에서나 아프리카 국가들의 수도에서 정기적으로 개최된 '프랑스 - 아프리카 정상회담'을 통해 체계화되었다. 이러한 정책은 협력에 기반을 두었는데, 협력의 목적과 수단에 관한 견해는 1963년의 잔느네Jeanneney 보고서에서 표명되었다. 옛 벨기에령 콩고를 포함하는 프랑스어권 국가들과의 협정은 특혜를 누리는 상황의 유지가 아니라, 기술 및 군사 원조, 수익자에 의한 프랑스 제품의 구매를 위해 마련된 '납품업체에 대한 신용대출' 같은 금융 지원, 상호 방위, 몇몇 경우에는 중앙아프리카공화국, 가봉 등에서처럼 프랑스 군사 기지의 설치와 밀접한 관계가 있었다. 군사기술 원조AMT의 목적은 현지에서 병참을 지원하는 동시에 옛 본국의 군사 학교들에 아프리카 거류민을 받아들임으로써 지방 군대 양성에 기여하는 것이었다. 또한 군사기술 원조는 병기와 장비 조달을 목표로 했다.

아프리카 국가들은 보조금과 대부금 형태를 띤 공공 지원, 민간 투자에 힘입어 설비를 갖출 자금을 얻었다. 이전 시기와 관련해 방법과 구조의 측면에 어떤 연속성이 실재했다. 그런 곡절로 1959년 사회경제투자개발기금FIDES의 후신인 원조협력기금FAC에 의해 다양한 공적 자금 및 투자가 관리되었다. 1965년에는 개발도상국에 대한 프랑스의 쌍무적인 원조 중에서 89퍼센트가 프랑스의 옛 식민 제국에 할당되었다. 그중에서 아프리카와 마다가스카르 국가들은 46퍼센트, 알제리는 32퍼센트, 모로코와 튀니지는 7퍼센트를 받았다. 프랑스는 다른 옛 식민지 열강들보다 더 막대한 비율의 국내총생산을 개발원조용으로 충당했지만, 아프리카 국가들의 독립 이후 기간에는 프랑스의 개발원조가 감소했다. 프랑스의 개발원조는 그로부터 끌어낼 수 있는 이익에 비해 너무 막대하고 더군다나 수익자들에 의해 잘못 사용된다고 생각하는 이들에게는 비판의 표적이 되어왔다. 아프리카 국가원수들이 마음대로 쓸 수 있는 엄청난 금액이 프랑스의 요구를 충족하기는커녕 개인적인 사치에 악용된다고 비난하는 레몽 카르티에Raymond Cartier의 ≪파리 마치Paris Match≫ 기사와 같은 글들이 '제3세계 재정 지원 무용론'을 추종하는 일부 여론에 영향을 미쳤고 개발을 위한 공적 자금을 줄이라는 여론을 조장했다. 그 결과 개발을 위한 공적 자금은 매우 미미한 수준이 되었다.

아프리카 국가들이 독립한 이후에 프랑스의 영향력을 뒷받침한 주요한 요소들 중의 하나는 프랑 통화권의 유지였다. 영국의 경우와 비교하자면, 스털링 통화권의 아프리카 국가들은 1파운드에 대한 2현지화폐 단위의 등가에 의거해 자국 화폐를 떠받칠 책임에 매우 빨리 얽매이게 되었고, 그 결과로 나이지리아를 비롯해 많은 국가가 미국 달러화에 맞추어 자국 통화의 가치를 조정했다. 그러므로 화폐는 영연방 응집의 본질적인 요인이 아니었다. 반대로 프랑 통화권 내에서의 관계는 더 엄정했다. 독립(1958년)을 선택하면서 배제된 기니와 1962~1967년의 말리를 제외하고 프랑스어권 국가들은 계속해서 CFA프랑을 사용했다. 프랑스는 '50CFA프랑 = 1프랑스 프랑'이라는 이전의 등가를 유지했다. 특히 명칭의 변화가 실행되었다. 즉, 프랑화는 '아프리카의 프랑스 식민지'가 아니라 '아프리카 금융 공동체'의 화폐로 명명되었다. 소재지를 다카르에 둔 서아프리카 국가들의 중앙은행BCEAO이 서아프리카은행의 뒤를 이었다. 적도아프리카은행은 적도 아프리카 국가들 및 카메룬을 위한 중앙은행과 뒤이어 1972년에는 여전히 야운데에 소재한 중앙아프리카 국가들의 은행BEAC에 지위를 넘겨주었다. 프랑스의 경우로 말하자면 해외 프랑스은행이 프랑 통화권 위원회로 바뀌었다. 이 기구는 1994년의 평가절하, 뒤이어 아프리카 국가들이 프랑스를 매개로 합류하는 유로화로의 이행이 일어날 때까지 큰 변화 없이 영속했다.

게다가 언어 공동체의 존속은 비록 여러 독립국에서 논란의 대상이었을지라도 확실히 식민지화의 주된 유산들 가운데 하나이다. 영어권, 프랑스어권, 포르투갈어권으로의 아프리카 분할은 아랍어 또는 스와힐리어 지역과 나란히 영속했다. 프랑스어권은 현재까지 프랑스 정책의 축을 구성한다. 하나의 기구와 하나의 특수한 부처가 이 축을 담당하고 있다.

반대로 기술 원조를 위한 프랑스 인력의 신망은 줄어들었다. 처음에 기술 원조의 목적은 신생 국가들의 행정 기구가 자리를 잡는 동안 공무의 연속성을 확보하는 것이었다. 또 한편으로 그 일원들 중의 일부는 헌법과 다른 법률들의 작성에 참여했다. 뒤이어 현지 간부와 직원의 양성이 요구되기 시작했다. 교육이 기술 원조의 대부분을 차지하게 되었다. 그렇지만 해외협력파견인력의 필요는 아프리카화가 계속됨에 따라 감소했다. 1960년대에는 1만여 명이었다가 1990년대가 끝나갈 무렵에는 대략 6,500명, 그리고 21세기의 처음 몇 년에는 1,300명 정도였다.

마찬가지로 아프리카와의 교역 동향에서도 프랑스의 몫은 줄어들었다. 유럽경제공동체CEE로부터 아프리카 영토에 대한 주주의 지위를 획득한 프랑스는 비록 식민지 지배의 시기에 비해서는 역할이 감소했을지라도 무역에서 여전히 강력한 지위를 유지할 수 있었다. 뒤이어 유럽연합과 ACP(아프리카, 카리브, 태평양) 사이의 잇단 협정 덕분에 아프리카 국가들은 유럽공동체 내에서의 경쟁에 폭넓게 참여하게 되었다. 프랑스는 대부분의 프랑스어권 국가에서 으뜸 고객 겸 공급자였지만, 1990년대부터는 많은 프랑스 기업이 중부유럽 및 동유럽으로 진출하기 위해 아프리카에서 빠져나와 그렇지 않아도 상대적인 위세를 그만큼 더 잃게 되었다.

또한 프랑스는 이주 노동자가 특혜를 누릴 수 있는 나라의 지위에서도 뒷걸음질했다. 1968년부터 이민을 제한하고 뒤이어 1974년부터 이민자의 복귀를 조장하려는 의지로 말미암아 한편으로는 불법 노동자에 대한 가혹한 조치 — 추방하거나 전세 비행기 편으로 돌려보내는 조치 등 — 가 이어졌다. 다른 한편으로는 지식인과 자유직 종사자의 경우에도 아프리카의 프랑스 영사관에서 비자를 받기가 한층 어려워졌는데, 그들은 미국이나 유럽연합의 다른 회원국들 편에서 더 쉽게 비자를 얻는다.

많은 아프리카인들에게 프랑스 정부의 이러한 축소주의 정책은, 예컨대 토고에서는 1993년 에야데마와 뒤이어 2005년 그의 아들의 지위를 보장하려 든다거나 2004~2005년에는 코트디부아르에서 리코른Licorne 작전을 벌인다거나 더 최근에는 2006년 4월 차드 등을 비롯해 아프리카에 계속 개입하는 등 정반대의 행태에 비추어 그만큼 더 부당한 것으로 보인다. 이는 우리가 이미 말했듯이 아프리카의 여러 영역에서 프랑스의 영향력이 줄어드는데도 프랑스에 대한 반감이 증대하는 원인이 된다.

편견
15

"국제무역에서 아프리카의 위상은 미미하다"

일반적으로 아프리카 국가들은 세계의 수요와 관계가 깊은 외부 충격에 취약한데, 외부 충격은 …… 수출과 동시에 …… 수입에 작용하는 무역조건(수출품의 가격 지수와 수입품의 가격 지수 사이의 비율)의 변동에 따라 아프리카 국가들의 수출에 영향을 미친다.

— 아프리카개발은행 Banque africaine de développement, 「아프리카에서의 개발 보고서 Rapport sur le développement en Afrique」(2005)

40여 년에 걸쳐 국제무역에서 아프리카의 몫은 독립을 전후한 시기(1958~1962년)에 평균적으로 4.4퍼센트였다가 1.9퍼센트(1996~2000년)와 2004년의 2퍼센트로 절반 이상 감소했다. 그렇지만 다음 도표를 살펴보면, 이 쇠퇴는 직선적으로 일어나지 않았다. 1970년대까지 주권을 되찾은 국가들의 설비 개발 노력으로 인해 아프리카의 수입이 상대적 증가를 기록한 데 반해, 아프리카의 원료는 세계 시장에서의 시세 변동에 반응하면서도 이 대륙으로 하여금 대외 수출에서 자기 위상을 유지할 수 있게 해준다. 뒤이어 1973년과 1979년의 석유파동은 각각 1974년과 1980년에 대외 무역의 변동 곡선에 영향을 미치는 유가 상승을 유발했다. 산유국들의 소득 수준은 여전히 높은 배럴당 가격 덕분으로 1980년대 중반까지 유지된 반면에, 아프리카 대륙이 파는 다른 일차제품의 시세는 점차 감소했다. 그런데 1985년부터는 아프리카의 모든 수출품에 전반적인 하락이 닥쳤다. 이는 아프리카 몫의 점차적인 축소로 표출되는데, 수입품 또한 계속해서 이 영향을 받았다. 1998년에 바닥을 치는 이 동향은 이후 약간 회복되고 나서 다시금 침체했다.

교역 전체에서 아프리카 대륙이 차지하는 몫의 감소에는 여러 요인이 작용하고 있는데, 그중에서 국제 경쟁은 핵심적인 요소이다. 이 요소는 세계무역기구OMC 같은 국제기구들이 바라는 시장 경제로의 개방을 특징으로 하는 세계화의 필연적인 귀결이다. 이로부터 원료 시세의 지속적인 하락과 전통 시장의 상

국제무역에서의 아프리카(%)

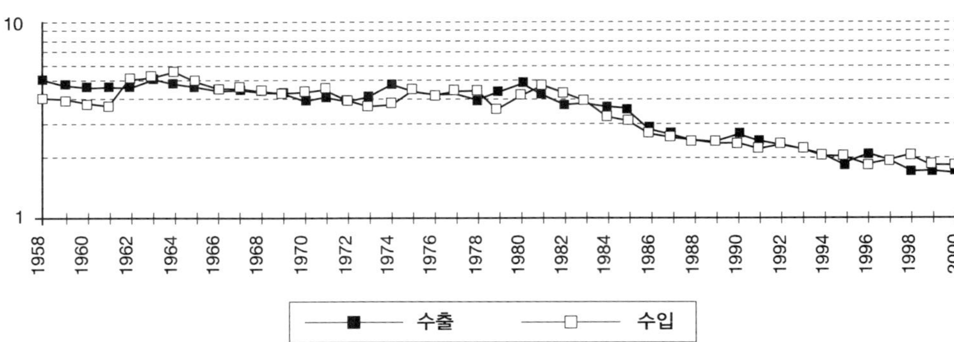

자료: 국제통화기금, 「국제금융통계 Statistiques financières internationales」에 따른 계산.

대적인 침체로 이어져, 세계의 다른 지역들이 경쟁 가격으로 내놓는 유사한 생산물이 유리한 상황에 놓인다. 가령 미국이 최대 생산국인 콩을 비롯한 다른 농산물들과의 경쟁 또는 열대 땅콩이 올리브, 옥수수, 해바라기, 유채 같은 온대 식물과의 경쟁에 직면해 있는 '식용유 전쟁' 때문에, 아프리카 국가들은 유리한 입장이었던 채유 식물의 영역에서도 뒤처지게 되었다. 다른 한편으로 세제에 인산염이 사용되는 실태를 공격하는 환경 운동은 토고 같은 아프리카 생산국들에 손해를 끼쳤다. 끝으로 과학기술의 개량은 완성품에서 원료가 차지하는 몫을 줄어들게 했다. 초콜릿에 관한 유럽연합의 규제가 그러한 예이다. 이 규제로 초콜릿에서 카카오 버터의 비율이 감소했고, 이는 가나 같은 국가에 불이익을 가져다주었다.

그런데 관련 국가들은 사실상 이 새로운 상황에 적응하지 못했다. 다자간 협정들, 즉 야운데 협정(1963, 1969년), 로메 협정(1975, 1979, 1984, 1989년), 코토누 협정(2000년)이 잇따르면서, 아프리카 국가들은 우선 유럽경제공동체와 뒤이어 유럽연합의 틀 속에서 일차제품의 생산국 역할에 계속 머물렀다. 이는 권력의 지지자들이 구조적 불균형을 바로잡으려고 하지 않고 원료에서 얻는 금리로 만족하게 하는 역효과를 낳았다. 21세기 초에도 경제 기반은 식민 시기 이래로 그다지 변화하지 않았다.

결국 변한 것은 생산물이었지 생산물의 본질이 아니었다. 가령 세네갈은 껍질을 벗긴 땅콩보다 더 많은 수산물, 그리고 땅콩기름, 인산염, 고령토를 유럽에 공급한다. 베냉은 오랫동안 국부의 원천이었던 야자유와 코코넛을 목화유와 목화씨로 대체했다. 코트디부아르는 커피를 그다지 많이 수출하지 않고 이전보다 더 적은 카카오를 해외로 판매하지만 과일과 생선은 더 많이 팔고 있다. 가나의 경우 카카오 수출은 감소했지만, 금과 특히 알루미늄의 수출은 상대적으로 증가했다. 부르키나파소와 케냐는 채소류와 강낭콩을 유럽으로 수출한다. 그렇지만 이러한 변화로는 옛 시장의 상실을 상쇄할 수도, 새로운 고객을 얻을 수도 없었다. 가공 생산은 수입대체를 기준으로 해서도, 상당한 산업 조직을 창출하지 못한 탓에 현지의 소비 수요를 충족하지 못하며, 잉여분이 생산되더라도 세계 시장에서는 별로 경쟁력이 없다. 수입품의 유형도 변했다. 즉, 설비재의 백분율이 소비재의 백분율을 추월했다. 인구 증가로 자급자족하기 어려운 실정을 반영해 소비재 중에서는 식품 수요가 증가했다.

그러나 일반적으로 세계 전체에 관한 정보를 받아들이는 일반 대중이 반드시 알고 있는 사실은 아니지만, 다른 국가들보다 더 능숙하게 곤경에서 빠져나가는 국가들도 있다. 가령 2000년 사하라 이남의 13개국은 달수로 표현된 무역수지의 흑자 비율이 1980년에 비해 증가했는데, 이 중에서 베냉(0에서 10으로)과 보츠와나(4에서 24로) 같은 몇몇 국가는 증가폭이 상당했고, 다른 5개국 중에서 짐바브웨(8에서 1로)는 줄어든 반면에 나머지 4개국은 현상을 유지했다. 적도기니는 석유의 발견과 개발에 힘입어 1993~2003년에는 연평균 성장률 26퍼센트를, 2004년에는 34퍼센트를 기록했다. 그러므로 총괄적인 자료에 의해 국가들 사이에 실재하는 상이성이 은폐되어서는 안 된다.

편견
16

"아프리카는 국제원조로 먹고산다"

따라서 개발원조는 농업과 원료 채굴이 기저인 열대 아프리카 경제의 '원시적인' 성격을 연장시키기에 이른다.

— 르네 뒤몽René Dumont, 『흑아프리카는 잘못 출발했다 L'Afrique noire est mal partie』(1966)

일반적인 생각과는 반대로, 개발도상국에 대한 재정 지원은 오로지 구호금과 보조금으로만 이루어지는 것이 아니다. 거기에는 특히 다른 신용대출의 경우에 통상적으로 부과되는 금리보다 실제로 더 낮은 이자가 붙는 대부가 포함된다. 아프리카에서 독립 이전에 중요한 경제 및 복지 계획을 실현하기 위해 시작된 공공 개발원조는 이후에도 유지되기는 했지만 급속하게 감소했다. 1960년에는 프랑스 국민총생산의 1.38퍼센트, 영국의 경우에는 0.56퍼센트, 벨기에의 경우에는 0.88퍼센트에 상당했는데, 1970년에는 각각 0.66퍼센트, 0.37퍼센트, 0.46퍼센트로 줄어들었다. 그러니까 프랑스가 원조협력기금FAC을 통해 옛 아프리카 식민지에 기여하는 정도는 다른 옛 본국들이 자국의 옛 식민지를 도와주는 정도보다 비교적 높은 것이 사실이다. 영국은 2차 세계대전 동안에 제정된 「식민지 개발 및 생활보호법」을 개정했지만, 장기저리 대부가 늘어나면서 기부의 몫이 줄어들었다.

독립 이후에는 공공 투자가와 개인 투자가의 폭이 넓어졌다. 국제기구들의 후원 아래 체결된 쌍무 협정이나 다자 협정은 채무가 줄곧 증가하는 신생국들의 설비 개발에 필수적인 기금을 가져다주었으나, 그렇다고 해서 긍정적인 효과를 낳지는 않았다. 이는 불량한 자금 관리와 무엇보다도 기업들의 비현실적인 선택 때문이었다. 여러 국가에서 '흰 코끼리'라고 불린 대규모 계획도 마찬가지였다. 가령 나이지리아나 콩고에서는 원료 공급의 역량에 대한 고려 없이 공장들이 건설되었다. 1970년과 1980년에는 세계 경제의 위기가 닥쳐 선진국들의 공공 원조가 다시 감소했다. 대부분의 아프리카 국가는 상환 기한을 지킬 수 없었다.

1980년대 말에는 그렇지 않아도 위급한 아프리카 국가들의 상황이 이전과는 비교할 수 없을 정도로 악화되었다. 채무가 자산을 훨씬 상회했다. 실제로 1990년 사하라 이남 아프리카에서는 전반적으로 부채가 재화 및 용역 수출액의 340.8퍼센트, 그리고 국민총생산의 106.1퍼센트에 상당하고, 북아프리카에서는 부채가 알제리의 경우 수출액의 52퍼센트, 튀니지의 경우 127퍼센트, 이집트의 경우 300퍼센트에 달했다. 물론 아프리카가 짊어진 부채의 비중은 개발도상국 전체의 채무에 비해 여전히 얼마 안 되지만, 그 비율은 높아졌다. 예산 불균형의 확대를 초래하는 공공지출 팽창, 그리고 채무와 결합된 이러한 상황이 매우 심각해지자 국제 출자자들, 특히 국제통화기금과 세계은행은 1980년대 초에 시작된 구조조정프로그램의 방법을 거의 모든 아프리카 국가로 확대해 실시했다. 이 기구들의 역할은 한 국가의 개발뿐 아니라 정치의 변화에도 결정적인 영향을 미치는 경향이 있다. 이를 위해 때로는 압박을 가하기도 한다. 가령 세계은행은 1991년 11월 케냐에서 정치 및 경제의 개혁을 촉구하기 위해 6개월 동안 모든 재정 지원을 중단했다. 그런데 가뭄으로 인한 흉작 때문에 이미 악화된 경제적 어려움은 케냐의 재정 적자를 증가시켰다. 1992년 2월 이 국가는 4일분의 외화보

유고밖에 없었는데, 재정 지원의 동결은 계속되었고 잠자코 있는 정권에 대한 항의와 다당제를 수용하라는 압력의 수위는 높아져 갔다. 마찬가지로 채권국들도 전부 또는 일부 채무의 탕감을 수락하거나 거절함으로써 선별적으로 개입했다. 가령 미국은 세네갈에는 식료품 구매를 위해 채무액 4,200만 달러를 면제해주기도 하고(1991년 9월) 베냉에는 모든 채권을 무효화해주었다. 파리클럽에 모인 공공 채권자들과 런던클럽에 모인 개인 채권자들은 여러 국가들에 대한 채무변제일정의 변경을, 때로는 부분적인 탕감을 시도했다.

무엇보다도 공무원의 수를 줄임으로써 엄격한 지출관리에 착수해야 했던 국가의 이탈, 그리고 재정 지원의 조절 덕분에 아프리카의 상황은 채무의 측면에서 개선되는 듯하다. 아프리카개발은행의 2005년 보고서에 의하면, 연평균 부채 상환비율은 1983~1993년에 3.8퍼센트였다가 1994~2004년에는 0.8퍼센트로 변한 반면, 부채의 연평균 증가율은 5.7퍼센트에서 0.5퍼센트로 낮아졌다. 그렇지만 부채 비중은 소득에 비해 여전히 높고, 게다가 국가에 따라 다르다. 이런 관점에서 2005년 7월 선진 8개국G8은 14개 아프리카 국가를 포함해 18개국의 부채를 탕감하고 빈곤 퇴치를 위한 공공 원조를 2배로 늘리기로 결정했다. 프랑스에서는 하원의 토론을 통해 쌍무적 성격을 강화한다는 조건으로 개발원조를 2003년부터 5년 내에 국내총생산의 5퍼센트까지 늘릴 것이 권고되었다.

사실 사하라 이남 아프리카에 대한 공공 개발원조는 1975~1984년 사이 매년 4.3퍼센트씩 증가하다가, 1985~1994년에는 연간 증가율이 8.3퍼센트로 상승하고 나서, 2003년까지는 4.8퍼센트로 하락했다. 이러한 변화는 1인당 평균 원조금이 1990년의 32달러에서 10년 후 19달러로 축소되는 구체적인 결과로 표출되었다. 그렇지만 이 영역에서도 원조가 국내총생산에서 차지하는 비율을 고려하면 국가별로 대조적인 상황이 드러난다. 사하라 이남 아프리카 전체에서는 1980년의 4.1퍼센트에서 2002년의 6퍼센트로 변한 반면에, 기대된 자원이 산출되지 않는 경우 채무 비중이 늘어나는 역효과와 함께, 대부분의 국가에서 이 비율은 부룬디(12.8퍼센트에서 23.9퍼센트로), 말라위(11.6퍼센트에서 19.8퍼센트로), 코트디부아르(2.1퍼센트에서 9.1퍼센트로) 같은 국가에서처럼 현저하게 증가하기도 했다. 반대로 다른 국가들은 동일한 비율을 유지하거나, 비교적 성공한 모델로 간주되는 기니비사우(53.7퍼센트에서 29.2퍼센트로), 토고(8퍼센트에서 3.7퍼센트로), 보츠와나(10퍼센트에서 0.7퍼센트로)처럼 감소를 기록한다.

이와 동시에 아프리카가 자연 재해나 심각한 분쟁에 휩싸일 때마다 인도주의적 원조를 제공할 것이 촉구되었는데, 이는 아프리카가 세계의 인도주의적 원조만으로 먹고산다는 관념을 퍼뜨리는 요인들 중의 하나이다. 헐벗은 사람들이 약간의 먹을거리를 얻으려고 손을 내미는 영상이 텔레비전 방송으로 중계됨으로써, 예외적인 사정으로 인한 비극적 상황이 아프리카 대륙 전체의 상황으로 일반화된다. 비정부기구들의 다양성, 소액의 기부금을 내달라고 권유받는 '북반구' 주민의 민감한 반응은 수혜자의 정신뿐 아니라 기부자의 정신에 아프리카인들을 구호 대상자로 보이게 만들고 선입견을 영속화한다.

부르키나파소, 말리, 심지어 토고와 같은 국가들은 예외적인 사정에서 벗어나 있다. 현지 주민이 때로는 독자적으로 실현할 수 있을 다양한 규모의 사업을 실행하는 경우조차 외국 비정부기구들의 개입이 집중된다. 그러나 주는데 거절할 이유가 있을까? 그렇지만 지금은 말씨름할 때가 아니다.

그러므로 '원조'라는 말은 다수의 상황을 포함하면서 중의적인 의미를 갖는다. 실제로 이 용어는 기부만큼이나 상환해야 할 대출을 환기한다. 아프리카 국가들로서도 국제원조에 대해 어느 정도의 조건부 수용에서 거절까지 다양한 태도를 내보인다. 특히 잠비아가 유별난 경우였는데, 2002년 잠비아는 미국의 식량 원조를 건강에 미치는 작용이 불확실한 유전자조작농작물이라는 이유로 사양했다. 그렇지만 입장은 각양각색이다. 국가마다 국제 정세와 현지 사정에 따라 입장이 달라지는데, 이는 아프리카 대륙 전체를 대상으로 한 판단에 얼마나 이론異論의 여지가 많은지를 다시 한 번 보여준다.

편견
17

"세계의 다른 지역은 흑아프리카에 관심이 없다"

자유 기업은 세계 경제의 성장을 촉진하는 데 도움이 되며, …… 무역은 번영과 안정 그리고 평화를 전파하는 데 중요한 역할을 한다. 〔미국의〕 상무부는 아프리카 및 미국 기업가들 사이의 교역에서 최대의 유익한 협력을 안출하기 위해 모든 노력을 기울이고 있다.

— 에드워드 카셀Edward Casselle(미국 무역대표부 아프리카 담당 부차관보), 『보닌과 카헨에서in Bonin et Cahen』(2001)

아프리카는 세계의 다른 지역에 제공할 것이 과연 있는가? 약 30년 전부터 아프리카 - 비관론에서 유래한 이 단언에는 역사의 진전에 대한 고려가 내포되어 있지 않다. 사실상 세계에서 사하라 이남 아프리카의 비중은 지정학적 국제관계와 세계 경제정세의 변동에 따라 변해왔다. 냉전 시대에 새롭게 독립한 국가들은 국제연합과 그 밖의 국제기구들에 가입하면서 목소리가 커졌다. 즉, 이 국가들 가운데 많은 수가 '비동맹국' 진영에 합류했고, 초강대국들은 이 국가들의 '환심을 사려고' 애썼다. 우리가 이미 프랑스의 경우에서 살펴보았듯이, 옛 식민지 지배국들은 계속해서 특권을 누리려고 애쓴 반면에, 몇몇 국가는 교역 및 생산 외에도 여러 활동을 펼쳤다. 실제로 로메Lomé를 비롯한 많은 수도에는 특히 프랑스, 독일, 미국 문화센터가 인접해 있었다. 경제 부문에서 프랑스어권 국가들에 휘발유를 배포하는 다양한 국적의 석유회사들의 예는 그중에서도 토탈, 에소, BP, 셸, 아지프의 공존에 비추어볼 때 의미심장하다. 마찬가지로 여러 국가에서 네덜란드, 타이완 또는 중국의 팀들은 1960년대에 다호메이(오늘날의 베냉)에서처럼 쌀이나 채소의 생산을 증대하기 위해 농학 실험을 수행했다. 게다가 외국의 투자는 국제기구들의 후원 아래 쌍무 투자 또는 다자간 투자에 의해 신생국들의 설비 개발 노력에 참여했다.

이데올로기 차원에서는 마르크스-레닌주의를 자칭하는 국가들과 서방 진영에 속한다고 자처하는 국가들이 대립했다. 전자에서는 가령 콩고의 경우처럼 러시아인들의 세력이 증대했다. 그렇지만 콩고에서 그들은 프랑스의 영향력을 밀치고 들어앉을 수 없었다. 이런 식으로 미국과 구소련은 입지를 굳히려고 애썼다. 특히 포르투갈뿐 아니라 남아프리카공화국으로부터 벗어나려는 나미비아에서 계속된 식민지 전쟁으로 말미암아 미국과 구소련 앞에는 일단 독립이 획득되면 영속하는 경쟁의 장도 열렸다. 예컨대 앙골라에서는 쿠바인들의 도움을 받는 구소련과 중국이 해방 운동들을 통해 미국과 대결했는데, 미국은 앙골라 민족해방전선Unita을 편들었고 구소련과 중국은 앙골라 인민해방운동MPLA을 지지했다. 수단, 에티오피아, 그 밖의 국가들에서 발발한 무장 분쟁은 무기 판매를 조장했는데, 구소련은 최대의 무기 판매국이 되었고(1970년과 1983년 사이에 총 거래액의 41퍼센트), 다음으로 프랑스(12.5퍼센트)와 미국(9.5퍼센트)이 뒤따랐다. 또한 이탈리아, 영국, 독일연방(구서독), 인민민주주의 국가들, 그 밖에 많은 국가들이 이에 뛰어들었다. 그러므로 흑아프리카에 대한 관심에는 다양한 측면이 있었던 것이다.

그런데 막대한 채무가 특징인 아프리카 국가들의 여러 가지 난관, 특히 1차 석유파동과 1985년 이후의 석유파동에 의해 촉발된 원료의 국제시세 하락으로 인한 소득 감소는 기업들의 상대적 이탈을 야기했고, 이에 따라 아시아와 그 '떠오르는 국가들'

에 유리한 여건이 조성되었다. 1960년대 말부터는 선진국들의 공공 원조가 크게 줄었다. 특히 경제협력개발기구OCDE 회원국의 원조는 1990~2000년 사이에 41퍼센트 감소했다. 1989년 베를린 장벽의 붕괴와 소비에트연방의 분열로 말미암아 확실히 서양인들을 위한 새로운 관심의 장이 열렸다. 아프리카는 여러 국가에서의 혼란 상황이나 심지어 분쟁 상황 때문에 투자자를 좀처럼 끌어들이지 못하면서, 전략 지정학적 입지가 좁아지게 되었다. 앞에서 환기된 아프리카 - 비관론의 파고가 높아졌다.

그렇지만 1998년 3월 빌 클린턴의 아프리카 8개국 — 가나, 우간다, 르완다, 남아프리카공화국, 보츠와나, 세네갈 등 — 방문, 뒤이어 15명의 미국 기업체 사장을 대동한 국무장관의 남아프리카공화국, 케냐, 코트디부아르, 나이지리아 순회는 미국이 세계의 이 부분을 단념하지 않았다는 것을 보여준다. 아프리카는 몬산토 같은 대규모 회사들을 위한 널따란 출구이기도 한데, 몬산토는 유럽 시장의 제한에 일시적으로 대처하기 위해 아프리카에 유전자조작 종자를 팔기를 바란다. 이 대륙은 또한 2001년 9월 11일 이후 미국에 의해 촉구된 테러와의 전쟁으로 인해 새삼 관심의 대상이 되고 있는데, 이 테러와의 전쟁은 2002년 6월 아프리카의 뿔에 위치한 9개국을 결집하는 협약, 그리고 2002년 11월 사하라 사막과 접해 있는 8개국이 참여한 범 - 사헬 주도

권에 토대를 두고 있다. 게다가 아프리카는 막대한 석유 매장량으로 인해 에너지 산물의 수요국가들, 미국과 유럽 국가들뿐 아니라 중국의 관심권으로 급부상하고 있다.

중국은 2003년 후진타오 주석의 알제리·이집트·가봉 방문, 그리고 같은 해 말 아디스아베바에서 개최된 중국-아프리카 포럼을 신호탄으로, 아프리카에서 역동적인 정책을 수행하고 있다. 중국은 석유를 얻는 대가로 앙골라에는 전투기를 제공했고, 나이지리아에는 자국 인공위성의 이용을 허용했다. 전체적으로 중국은 아프리카와의 교역을 확대해왔다. 수출은 1990년의 1.84퍼센트에서 2003년의 2.01퍼센트로 늘었고, 수입은 각기 0.7퍼센트에서 1.98퍼센트로 증가했다. 남아프리카공화국은 여전히 중국의 최대 교역 상대이지만, 중국은 서아프리카에서도 영향력을 갖게 되어 2004년에는 비록 프랑스를 따라잡지는 못했지만 미국과 영국을 앞질렀다.

아프리카에 대한 일본의 대외 무역은 그다지 증가하지 않았다. 그렇지만 수입만큼은 2003년 1.68퍼센트로 증대했다. 일본은 나이지리아의 석유는 별도로 치더라도 광물, 특히 크롬, 망간, 그리고 자국 산업에 사용되는 코발트의 90퍼센트 이상을 주로 아프리카에서 조달하고 있다. 사실 아시아 국가들 중 아프리카에서 최고의 지위에 오른 것은 인도이다. 아프리카 대륙은

2003년 인도에 대해 수출의 4.3퍼센트를 흡수하고 수입의 6.1퍼센트를 공급한다. 인도는 자국 출신의 주민이 형성한 영향력의 득을 보고 있다.

아프리카는 2004년 세계 평균과 동등한 5.1퍼센트 경제 성장률을 달성했는데, 아프리카개발은행의 2005년 보고서에 따르면 이는 1996년 이래 가장 높은 수준이었다. 다른 한편 무역 조건이 악화되는 경향은 2000년부터 역전되었다. 같은 자료를 보면 이 진전은 석유와 일차제품 수출에 기인한 수익의 증가 덕분이다. 따라서 전체 상황을 보면 이 대륙은 미시경제의 관점에서 상대적인 향상을 경험하고 있다. 그렇지만 국가에 따른 격차는 여전하다. 많은 국가에서 정치 상황의 개선과 올바른 거버넌스의 확대는 고무적인 측면이 있고, 국제원조는 증가하고 있으며, 아프리카는 점차 주변성에서 벗어나는 듯하다. 따라서 2006년 2월 23일 ≪엑스프레스Express≫에 실린 케말 데르비Kemal Dervis와 장-미셸 세브리노Jean-Michel Severino의 「다원적 아프리카Afrique plurielle」의 결론을 떠올린다면, 대중매체에서도 아프리카-비관론은 더 신중한 판단으로 바뀌고 있는 것 같다. "스스로 개혁하고 자신의 위기를 극복하고 있는 아프리카는 증가한 국제원조와 더 공정한 국제무역에 힘입어, 커다란 희망과 성장의 땅이 될 수 있다." 이러한 전망은 통념을 변화시킬 것인가?

결론

아프리카와 그 주민의 다양성은 세계의 이 부분에 대한 통념의 바탕을 이루는 일괄적 판단을 허물어뜨린다. 아프리카에 대한 통념은 특수한 역사의 맥락에서 등장했는데, 그 근원을 이루던 상황이 종료된 뒤에도 지속되었다. 시간의 흐름을 따라 기존의 통념에 새로운 통념이 덧붙여졌고, 몇몇 통념이 수정되기는 했지만 좀처럼 사라지지 않았다. 우리가 이미 말했듯이, 몇 가지는 아프리카인들의 심성에 동화되었고, 이와 동시에 아프리카인들 또한 다른 심성들에 대해 통념을 발전시켜갔다. 이 교차된 시선들을 연구하면 이방인에 대한 편견의 폭포가 드러날 텐데, 이 편견의 범위는 피부색에 내재한 차별과 비교할 수 없을 정도로 넓다.

'아프리카'를 미분화된 하나의 전체 ― 모험과 추방뿐 아니라 폭력의 땅 ― 로, 또한 '아프리카인'을 흔히 단수 집합명사에 의해 표현되는 실체의 표본으로 간주하는 입장은 21세기 초인 지금도 사라지지 않고 있다. 대중매체뿐 아니라 학교도 이 입장을 전파한다. 많은 교사들이 정당하게도 학생들을 다른 문화에 관심을 갖게 하기 위해 애쓰고 있지만, 그들의 활동이 늘 정확한 자료를 기초로 하여 신중하게 수행되는 것은 아니다. 지은이 서문에 인용한 예, 다시 말해 아프리카에 대한 고정관념에 관한 우리의 발언을 예증하기 위한 교과서적인 사례를 좇아, 일상의 현실을 대위법적으로 제시하지 않고, 이국풍이나 심지어 야릇한 것에만 가치를 부여하는 허구적이고도 시대에 뒤진 재현이 젊은이들에게 — 또한 그들을 통해 그들의 부모에게 — 미칠 수 있는 영향을 문제시할 필요가 있다. 게다가 일상의 현실이 초등학교나 중등학교의 교실에서 거론될 때에도, 어떤 사람들이 '개발교육'(남북 사이의 연대를 강조하는 반세계화 교육)이라 부르는 것의 틀 속에서 거론되는 주제는 비참과 빈곤에 집중된다. 이 모든 것은 마음의 동요, 연민, 헌신을 부추기지만, 아프리카인들에게 구호 대상자라는 축소적이고 비하적인 이미지를 부여한다. 그러므로 상호적인 경탄과 존중의 근거들이 빠져버린 기부자와 수혜자 각각의 태도는 민족들 사이의 불평등주의적인 관념의 유지를 조장하지 않을까?

2003년 1월, 내일의 아프리카를 위한 비정부기구 연합의 주도로 개최한 회의에서 토고 출신의 프랑스 정치인이자 전직 정무차관인 코피 얌난Kofi Yamgnane이 말했듯이, "아프리카를 향한 시선은 거기서 실제로 발생하는 일보다 더 위험하다".

통념의 영속성은 그 해로운 시각을 조장한다.

1. 아프리카에 관한 발언들

정복하기

이 아프리카는 참으로 묘한 땅이다! 아시아도 역사가 있고, 아메리카도 역사가 있고, 오스트레일리아조차 역사가 있다. 그러나 아프리카는 역사가 없다. 광범위하고 모호한 일종의 전설이 아프리카를 감싸고 있다. …… 이 야생의 아프리카는 두 가지 양상만이 있다. 즉, 사람이 살면 미개하고, 사람이 살지 않으면 혹독하다.

19세기에 백인은 흑인을 사람으로 만들었고, 20세기에 유럽은 아프리카를 질서 있는 세계로 만들 것이다. 새로운 아프리카를 근본적으로 변화시키는 것, 낡은 아프리카를 문명에 순응하게 만드는 것, 이것이 문제이다. 유럽은 이 문제를 해결할 것이다. 자, 민족들이여! 이 땅을 점령하라. 이 땅을 차지하라. 누구의 땅인가? 누구의 땅도 아니다. 이 땅을 하느님으로부터 받아라. 하느님은 이 땅을 인간에게 준다. 하느님은 아프리카를 유럽에 제공한다. 이 땅을 가져라. 왕들이 전쟁을 일으킬 곳에서, 화합을 내세워라. 대포가 아니라 쟁기로, 검이 아니라 상업으로, 전투가 아니라 산업으로, 정복이 아니라 박애로 땅을 얻어라. 그대들에게 넘쳐나는 것을 이 아프리카에 쏟아라. 동시에 그대들의 문제를 해결하고 그대들의 무산자를 유산자로 변화시켜라. 자, 만들어라! 길을 만들고, 항구를 만들고, 도시를 만들어라. 성장하라, 경작하라, 몰려가라, 번식하라! 그리고 갈수록 사제와 군주로부터 벗어나는 이 땅에서 성령이 평화로 드러나고 인간의 정신이 자유로 드러나게 하라!

— 빅토르 위고Victor Hugo,

「아프리카에 관한 연설Discours sur l'Afrique」(1879년 5월 18일)

타자를 평가하기

아르튀르 랭보Arthur Rimbaud는 1888년 8월 4일 하라르에서 친구들에게 보낸 한 편지에서 "늘 몹시 지루하다"라고 말한다. 그는 "우리가 그 운명을 개선시키고자 하나 우리를 이용하고 우리가 단기간에 일을 처리할 수 없게끔 하는 흑인들" 사이에서 살아가는 것에 대해 불평한다.

그들의 영문 모를 말을 하고, 그들의 더러운 요리를 먹고, 그들의 게으름, 배반, 어리석음에서 유래하는 수많은 골칫거리를 겪지 않을 수 없다!

—「친구들에게 보낸 편지들, 이집트, 아라비아, 에티오피아」(1899)

어떻게 흑인종은 백인종에게 몇 세기의 노력을 요구한 발전을 몇 십 년만으로 달성할 것인가? 아프리카 주민의 놀라운 모방 소질은 현혹적이지만 모방은 자기 것으로 하기를 의미하지 않는다. 교육도 복음화도 한 인간의 내밀한 본질을 갑자기 변화시킬 수 없을 것이다. 그리고 인간의 모든 문제처럼 도덕의 진전도 '시간'이라는 요소와 무관하게 해결될 수는 없다.

— 조르주 - 마리 아르트Georges-Marie Hardt ·
루이 오두앵 - 뒤브레이유Louis Audoin-Dubreuil,
『아프리카 횡단여행La Croisière noire』(1927), 211~212쪽

개발하기

……분할되고 들쭉날쭉한 유럽 앞에 놓인 몹시도 덩어리 같은 이 아프리카, 인간의 호기심과 힘찬 노력에서 그토록 오랫동안 벗어나 있었던 불우하고 저주받은 이 땅은 오래지 않아 레일의 줄무늬에, 그리고 또 비행기의 날갯짓에 수동적으로 내맡기면서 지배되고 종속될 것이다.

— 사령관 루망Roumens,

『프랑스 제국주의와 아프리카 횡단 철도L'Impérialisme français et les chemins de fer transafricains』(1914)

모든 식민지 열강은 아프리카에서 지배력을 확립한 후, 행정 경비와 경제 개발에 요구되는 비용을 충당할 필요로 인해 제기되는 이중의 문제를 해결해야 했다. 실질적인 이익의 희망은 아프리카를 대상으로 하는 경쟁에서 강력한 결정 인자였지만, 그 희망을 실현하기 위한 수단은 여전히 무시되었고 필요한 재원은 마련되지 않았다.

— S.-H. 프랜클S.-H. Frankel,

『아프리카에서의 자본 투자Capital Investment in Africa』(1938).

앙리 라부레Henri Labouret, 『식민지화, 식민주의, 식민지 해방Colonisation, colonialisme, décolonisation』(1952), 145쪽에서 재인용

유럽인들의 지능, 자본, 에너지가 순수한 인류애에 의해 아프리카의 자원을 개발하는 데 지출되지 않았고 앞으로도 결코 그렇지 않으리라는 것, 유럽은 산업 계급의 상호 이익을 위해, 그리고 토착민족들이 가장 높은 수준으로 진보하도록 하기 위해 아프리카에 왔다는 것, 이익은 상호적이고 이 이중의 임무를 완수하기는 문명화된 행정의 욕망 겸 목적이라는 것이 처음부터 인정되기를 바란다.

— 러가드Lugard 경, 『영국령 열대아프리카에서의 이중의 임무The Dual Mandate in British Tropical Africa』(1922)

식민지를 개척하는 프랑스는 아마 자국의 이익을 위해서뿐 아니라 세계의 전반적인 이익을 위해, 이 후진국들이 자력으로 개발할 수 없거나 개발할 줄 모르고, 그래서 이 국가들을 위해서도 전 세계의 공동체를 위해서도 그 이득이 활용되지 않고 상실되는 영토와 자원의 개발을 곧 준비하게 된다.

— 알베르 사로Albert Sarraut, 『프랑스 식민지의 개발 La Misen en valeur des colonies françaises』(1923)

폐습을 고발하기

이 민족〔아랍인들〕은 반란을 일으킨다고들 한다. 그런데 이 민족의 땅이 수용되고 그 땅에 합당한 값의 100분의 1만이 이 민족에게 지불된다는 것은 사실일까? 이 민족은 반란을 일으킨다. 대략 6만 프랑의 가치가 있는 재산을 이 민족이 아무런 이유 없이, 정당한 구실도 없이 빼앗기고 1년에 300프랑의 금리만이 보상으로 이 민족에게 주어진다는 것은 사실일까?

이 민족은 자기 숲에서 방목할 권리를 인정받았다. 그것은 모든 평원이 태양 때문에 마르고 텔(북아프리카 지중해 연안의 비옥한 토지)에의 출입이 막힐 때 가축을 방목할, 이 민족에게 남아 있는 유일한 수단이었다. 그런데 알제리 공무원 중에서 못살게 굴기를 가장 좋아하고 가장 불공정한 삼림 공무원이 그 시기에 거의 모든 숲의 출입을 금하고, 삼림감시원의 숙련된 눈만이 어림해 측정할 수 있는 불분명한 경계를 염소들이 넘을 때마다 그 주인인 귀여운 녀석들에게 거듭해서 비난을 퍼부은 것은 사실일까?

……그러나 알제에서 사무실에 앉아 일하는 관할 당국자들은 아랍인의 과실과 악행만을 본다. 아랍 민족은 흉폭하고 도벽이 있고 거짓말을 잘하고 교활하고 거칠다고 끝없이 되풀이한다. 모두 사실이다. 그러나 결점과 함께 장점도 봐야 한다.

나는 또한 이 나라에서 정의의 관념이 사라졌다고도 말했다. 이것은 너무나 사실이어서 나는 한 자동차 운전자가 어느 아랍인에게 자고鷓鴣 두 마리를 터무니없이 비싼 값으로 구입하는 것을 보고 웃지 않을 수 없었다. 여기에서는 누구나 불의에 익숙해지고, 그런 만큼 누구나 불의 속에서 살아간다. 그러나 어떤 프랑스인이건 내가 얼마 전에 그랬듯이 부족에서 부족으로 옮겨 다니며 아랍인들 사이에 섞여 천막 안에서 20일을 보낸다면 비분강개하지 않을 수 없을 것이다.

— 기 드 모파상Guy de Maupassant,

「갈리아 사람Le Gaulois」(1881년 8월 20일)

식민지의 광기는 결코 끝나지 않을 것인가?

— 아나톨 프랑스Anatole France,

『빈 통신Courrier viennois』(1904년 9월 중순)

……신문기자는 어린이 합창대원이 아니라고, 신문기자의 역할은 장미 꽃잎 바구니에 손을 집어넣고서 행렬에 앞장서는 것이 아니라고 나는 여전히 확신한다.

우리의 직무는 즐겁게 하는 것도 피해를 입히는 것도 아니다. 펜으로 상처를 드러내는 것이 우리의 일이다.

프랑스령 흑아프리카에는 상처가 실재한다. 이 상처에 이름을 부여하자면 그것은 해결해야 할 문제 앞에서의 무관심이라 부를 수 있다. 무관심은 대재앙을 불러들인다. 누구의 잘못인가? 과오는 식민지에 있다기보다는 오히려 본국에 있다.

— 알베르 롱드르Albert Londres, 『흑단의 땅Terre d'ébène』(1929) 중 머리말

……백인은 학위논문의 공개 구두심사를 받았다. 그는 말했다. "우리는 그들에게 도로를 만들도록 시킵니다. 이는 그들을 위해서입니다. 등짐 운반 때문에 그들은 죽어갑니다. 도로가 만들어지면, 그들은 더 이상 등으로 짐을 지지 않을 것입니다. 그들은 여전히 짐을 등에 지고 나릅니다. 우리는 사람을 정착시키려고 애써야 할 곳에서 인구를 감소시키고 있습니다. 우리는 인간 숲의 벌목꾼일까요?"

— 알베르 롱드르, 같은 책(1928년 10월 25일)

따라서 나는 몇몇 아프리카 친구의 비위를 맞추거나 그들에게 내 생각의 깊은 속을 감추면서 그들을 업신여기기보다는, 이는 위선적인 형태의 신식민주의적 차별일 것이니, 차라리 그들의 자존심을 상하게 하기로 했다. '독립의 유치한 질병' 앞에서는 그것을 서둘러 드러냄으로써 그 치유에 일조하려고 시도하는 것이 중요했다.

— 르네 뒤몽René Dumont, 『흑아프리카는 잘못 출발했다L'Afrique noire est mal partie』(Le Seuil, 1962)의 1966년판 서문

2. 더 읽을거리

존 일리프John Iliffe의 훌륭한 책, 『아프리카인들: 어느 대륙의 역사Les Africains: Histoire d'un continent』(Flammarion, 2002; 영어로부터 번역)는 장기지속의 관점에서 아프리카의 역사를 이해할 수 있게 해준다. 현대사로 말하자면, 카트린 코크리 - 비드로비치Catherine Coquery-Vidrovitch는 『19세기의 아프리카와 아프리카인들: 격변과 혁명 그리고 위기L'Afrique et les Africains au XIX siècle: Mutations, révolutions, crises』(Armand Colin, 1999)에서 이 대륙 전체의 변화에 관심을 기울인다. 필립 르마르샹Philippe Lemarchand의 주도로 공들여 만들어진 역사 지도책 『아프리카와 유럽L'Afrique et l'Europe』(Complexe, 1994)도 마찬가지인데, 이 책은 아프리카 대륙이 19세기 말 이래 직면한 문제들을 자료에 의해 뒷받침된 종합적인 방식으로 시각화하고 있다. 코크리 - 비드로비치는 『흑아프리카: 지속성과 단절Afrique noire: Permanences et ruptures』(Payoy, 1985; l'Harmattan, 1993)에서 격변에 강조점을 두고 있는 데 비해, 엘리키아 음보콜로Elikia M'Bokolo, 『흑아프리카: 19세기에서 오늘날까지의 역사와 문명L'Afrique noire: Histoire et civilisations, du XIX à nos jours』(Hatier-Aupelf, 1992, 재판, 2004)은 사하라 이남 아프리카를 더 전문적으로 다루고 있다.

코크리-비드로비치가 『아프리카의 발견La Découverte de l'Afrique』(Archives Julliard, 1965; l'Harmattan, 2003)에서 엮은 글들은 비록 오래전의 것이라 해도 유럽인들이 아프리카와 아프리카인들에게 던진 시선을 정확히 파악할 수 있게 해준다.

식민지화와 식민지 해방은 우리가 이 책에서 단지 몇 가지만 환기하고 있는 여러 연구의 주제였다. 마르크 미셸Marc Michel과 샤를-로베르 아주롱Charles-Robert Ageron, 『식민지 해방의 시대L'Ère des décolonisations』(Karthala, 2000)와 마르크 미셸, 『식민지 해방과 제3세계의 출현Décolonisations et émergence du tiers monde』(Hachette, 재판, 2005)에 의해서처럼, 피에르 기욤Pierre Guillaume은 『식민지 세계Le Monde colonial』(Armand Colin, 1994)에서 비교 양상에 특히 주목한다. 프랑스에만 한정하건대, 앙리 브륀슈비크Henri Brunschwig의 저서 『프랑스 제국주의의 신화와 현실: 1871~1914Mythes et réalités de l'impérialisme colonial français: 1871~1914』(Armand Colin, 1960)가 특기할 만한데, 고전이 된 이 텍스트는 정치적 동기를 강조함으로써 식민지화의 원인에 대한 새로운 직관을 제시했다. 더 최근에는 기원에서 출발해 1914년까지 이른 뒤(장 메이에르Jean Meyer 외에 의한 제1권) 1990년에서 끝나는(자크 토비Jacques Thobie 외에 의한 제2권) 『제국주의 프랑스의 역사L'Histoire de la France coloniale』(Armand Colin, 1991) 두 권에서 아프리카가 다루어진다. 마찬가지로 앙드레 누쉬d'André Nouschi는 평론집 『뒤집힌 무기: 프랑스의 식민지 지배와 식민지 해방Les Armes retournées: Colonisation et décolonisation françaises』(Belin, 2005)을 통해 프랑스에서와 프랑스의 옛 식민지에서 그 역사가 현재에 미치는 영향의 관점에서 아프리카 대륙, 특히 북아프리카를 프랑스 식민 제국 전체에 통합해 고찰한다.

정치와 사회 사이의 관계는 장 - 프랑수아 바야르Jean-François Bayart가 쓴 책들의 주제인데, 그중에서도 특히 『아프리카에서의 국가: 뱃심의 정치L'État en Afrique: La politique du ventre』(Fayard, 1989)는 설명이 명확하다. 여러 정기간행물에는 정치 문제에 관한 전문화된 글들이 실리는데, 그중에서 ≪아프리카 정치, 아프리카 지정학Politique africaine, Géopolitique africaine≫은 이채를 띤다(이 잡지의 2006년 1월호에는 일본과 아프리카 사이의 관계에 관한 에르베 쿠레Hervé Couraye의 연구논문, 그리고 우리가 참조한, 보건에 관한 조제프 브뤼네 - 자이Joseph Brunet-Jailly의 연구논문이 포함되어 있다). 또한 연간지 ≪세계의 상태L'État du monde≫(La Découverte)는 아프리카 대륙에서 지난해에 일어난 변화에 관한 적절한 분석(특히 스티븐 스미스Stephen Smith의 분석)과 각국 상황에 관한 분석을 실었다.

경제 · 사회 통계는 국제통화기금, 세계은행, 아프리카개발은행에 의해 제공되고 있다. 경제적 주제는 대단히 많다. 사하라 이남이 위베르 보냉Hubert Bonin · 미셸 카엥Michel Cahen, 『흑아프리카에서의 백인 무역: 18세기에서 20세기까지 아프리카에서의 원거리 교역의 변화Négoce blanc en Afrique noire: Évolution du commerce à longue distance en Afrique noire du XVIIIe au XXe siècles』(SFHOM, 2001)의 틀을 이루기는 하지만, 『유럽과 아프리카: 경제교역의 한 세기L'Europe et l'Afrique: Un siècle d'échanges économiques』에서 엘렌 달메다-토포르Hélène d'Almeida-Topor · 모니크 라크룸Monique Lakroum에 의해 대륙 차원에서 다루어진 교역으로 한정하자. 재정 문제에 대해서는 『프랑스와 해외 영토: 통화 및 재정 관계의 한 세기La France et l'outre-mer: Un siècle de relations monétaires et financières』(Comité pour l'histoire économique et financière de la France, 1998)를 언급할 만하다.

마르틴 무쟁의 박사학위논문 「1945년부터 1990년대 말까지 학교에서의 아프리카L'Afrique à l'école depuis 1945 jusqu'à la fin des années quatre-vingt-dix」(université Lyon II, 2005)는 특히 207~210쪽에서 우리에게 귀중한 증언들을 제공했다.

프랑스어로 된 아프리카 문학은 풍부하다. 그만큼 세심한 선택이 필요하다. 우리는 가스통 켈만Gaston Kelman, 『나는 흑인이고 마니옥을 좋아하지 않는다Je suis noir et n'aime pas le manioc』

(M. Milo, 2004; 10×18, 2005) 및 『흑백을 넘어서 Au-delà du noir et du blanc』(M. Milo, 2005)만을 예로 들겠다. 그의 성찰은 통념과 직접적으로 관계가 있기 때문이다.

찾아보기

지은이

엘렌 달메다 토포르 Héléne d'Almeida-Topor

프랑스 파리1대학 명예교수('흑아프리카의 역사' 전공)이자 프랑스 국립과학연구센터CNRS의 아프리카세계연구소 연구원이다. 아프리카에 관한 여러 편의 논문과 저서를 발표했다. 대표 저서로 『19세기의 아프리카L'Afrique au 19e siècle』(2003), 『아프리카 국가들의 탄생Naissance des Etats africains』(1996), 『다호메이/베냉의 경제사Histoire économique du Dahomey/Bénin』(1995) 등이 있다.

옮긴이

이규현

서울대학교 불어불문학과 및 동 대학원을 졸업(문학박사)했고, 현재 덕성여자대학교 강사이다. 저서로 『한국근현대문학의 프랑스문학 수용』(공저), 역서로 『광기의 역사』, 『천사들의 전설』 등이 있다.

심재중

서울대학교 불어불문학과 및 동 대학원을 졸업(문학박사)했고, 현재 서울대학교 강사이다. 역서로 『문학텍스트의 정신분석』(공역), 『현대인의 정체성』 등이 있다.

서울대학교 불어문화권연구총서

서울대학교 인문대학 불어문화권연구소는 1989년 설립되어 전문학술지 ≪불어문화권연구≫를 중심으로 인문학적인 관점에서 전 세계 불어권 지역의 문화 전반에 대한 학제적·종합적 연구를 수행해왔다. 지역 간 교류가 일상화되고 문화 상호 간의 관심과 이해의 필요성이 점점 더 커져가는 오늘날의 시대적 변화에 부응하기 위해, 이제 도서출판 한울과 공동 기획하여 불어문화권연구총서를 발간하게 되었다. 이는 그간의 축적된 연구 역량을 바탕으로 '다른 문화들'에 대한 대중의 관심과 이해를 촉발하고자 하는 작은 노력의 일환이다. 불어권 아프리카, 퀘벡, 카리브 해 지역 등의 문화 현상 전반, 언어·문학·예술·역사·사회·정치 등을 아우르는 총체적 현실에 대한 인문학적 시각의 저작들을 계속 발간해 나갈 것이다.

한울아카데미 1227

서울대학교 불어문화권연구총서 1

아프리카 열일곱 개의 편견

지 은 이 • 엘렌 달메다 토포르
옮 긴 이 • 이규현 · 심재중
펴 낸 이 • 김종수
펴 낸 곳 • 도서출판 한울

편집책임 • 윤상훈

초판 1쇄 인쇄 • 2010년 2월 10일
초판 1쇄 발행 • 2010년 2월 15일

주소(본사) • 413-832 파주시 교하읍 문발리 507-2
(서울사무소) • 121-801 서울시 마포구 공덕동 105-90 서울빌딩 3층
전 화 • 영업부 02-326-0095, 편집부 02-336-6183
팩 스 • 02-333-7543
홈페이지 • www.hanulbooks.co.kr
등 록 • 1980년 3월 13일, 제406-2003-051호

Printed in Korea.
ISBN 978-89-460-5227-7-93930(양장)
ISBN 978-89-460-4230-8-93930(학생판)

* 책값은 겉표지에 표시되어 있습니다.
* 이 도서는 강의를 위한 학생판 교재를 따로 준비했습니다.
강의 교재로 사용하실 때는 본사로 연락해주십시오.